Fast Arrow Spricht

Die Vergessenen

Diana Dörr

Über die Autorin und Fast Arrow:

Diana Dörr ist Heilpraktikerin, Trance Medium sowie Heilmedium mit langjähriger eigener Praxis in Bad Homburg v. d. H..
2011 veröffentlichte sie ihren ersten Roman „Der Steg nach Tatarka" im Paracelsus Verlag/ Salzburg. In ihren Büchern vereint die Autorin ihre Verbindung zur Natur mit ihren beruflichen Interessen - der Heilung von Menschen und Mutter Erde.
Das Buch "Fast Arrow Spricht" ist während ihres Heimzirkels in Trancekontrolle entstanden. Es gibt die Botschaften ihrer Geistführer zur Covid-19-Pandemie im Jahr 2020 wieder. Der Sprecher dieser Geistführer Gruppe ist der nordamerikanische Indianer "Fast Arrow", der auch der Spirit Control der Autorin ist. Er arbeitet auch in Trancekontrolle durch die Autorin in ihrer Heilpraxis und bei ihren medialen Zirkeln.

Mehr über die Autorin erfahren Sie hier:
https://www.dianadoerr.de/
https://www.dianadoerr-medium.de/

Weitere Bücher der Autorin:

Der Steg nach Tatarka
Aurora in geheimer Mission
Erdheilung kinderleicht gemacht
Aurora und der Wächter des Wassers
Auroras Heilquellenführer

Fast Arrow Spricht

Die Vergessenen

Diana Dörr

Die Informationen in diesem Buch ersetzen nicht die Diagnose, Beratung, Untersuchung und Therapie eines Arztes und dürfen nicht dazu führen, bisherige Therapien oder Medikamente eigenständig abzusetzen oder zu verändern.

»Fast Arrow Spricht - Die Vergessenen«
© 2021 Diana Dörr
Die Originalausgabe erschien 2021 unter dem Titel »Fast Arrow Speaks - The Forgotten Ones« im Verlag tredition, Hamburg.

Autor: Diana, Dörr
Umschlaggestaltung: © Donna Dean

Verlag & Druck: tredition GmbH, Halenreie 42, 22359 Hamburg
978-3-347-26731-2 (Paperback)
978-3-347-26732-9 (Hardcover)
978-3-347-26733-6 (e-Book)

Bibliografische Information der Deutschen Nationalbibliothek:
Die Deutsche Nationalbibliothek verzeichnet diese Publikation in der Deutschen Nationalbibliografie; detaillierte bibliografische Daten sind im Internet über http://dnb.d-nb.de abrufbar.

Inhaltsverzeichnis

Einführung

Mein erster Kontakt zu anderen Welten erfolgte während eines Nahtoderlebnisses, bei einem Autounfall, vor mehr als 20 Jahren. Seitdem bin ich mir darüber bewusst, dass es mehr gibt, als das, was wir mit unseren normalen Sinnen wahrnehmen können und dass das Leben mit dem Tod nicht vorbei ist. Damals durfte ich auch meinen Schutzengel das erste Mal sehen, der mich wieder auf diese Erdebene zurückbegleitet hat. Ich glaube, dass er noch immer zu meinem Geistführerteam gehört.

Es folgten weitere berührende Erlebnisse mit der geistigen Welt, die ich in meinem ersten Buch „Der Steg nach Tatarka" festgehalten habe. In der Zeit, in der ich den „Tatarka" Roman schrieb und das darin Beschriebene selbst erlebte, hatte ich auch erste Erfahrungen in automatischem Schreiben und weitere Begegnungen mit der geistigen Welt. Noch lange vertraute ich mir und der geistigen Welt nicht und wusste nicht, wie ich mit diesen Gaben umgehen sollte. Während einer Reise nach Hawaii 2008, wurde mir dann von einem Medium und einer Kahuna unerwartet gesagt, dass ich ein Volltrancemedium sei.

Damals habe ich jedoch noch nicht begriffen, was dies zu bedeuten hatte und wie ich diese Fähigkeit trainieren und anwenden konnte. Ohne dass ich mir damals darüber bewusst war, floss diese Fähigkeit zunächst in meine schamanische Arbeit sowie meine Erdheilungsbücher und Erdheilungszirkel ein.

Viele Jahre besuchte ich verschiedene Fortbildungen von anerkannten Medien aus Deutschland, England und den USA und absolvierte zertifizierte Mediumship Ausbildungen, um meine Fähigkeiten als Medium nicht nur zu entwickeln, sondern vor allem auch zu verstehen. Das in dieser Zeit erlernte „Mental Mediumship" (mentale Kontaktaufnahme mit Verstorbenen) war aber nicht das, was ich gesucht habe. Parallel zu diesen Ausbildungen habe ich viele Jahre in geschlossenen und offenen Development Zirkeln in der Stille gesessen. Mindestens eine Stunde in der Woche je Zirkel, oftmals in zwei Zirkeln die Woche. Dies war meine größte Lehrzeit und brachte mich in meiner medialen Entwicklung an einen Punkt, an dem mir bewusst wurde, was es bedeutete, ein Trance Medium zu sein. Ich verstand, was das Wort Trance wirklich bedeutete.
Trance Mediumship kann man nicht in einem Wochenendkurs lernen. Es ist ein Prozess, der sich über viele Jahre hinweg entwickelt. Trancekontrolle ist in Deutschland kaum bekannt.

Man muss dafür bereit sein, mindestens sieben Jahre in einem Development Zirkel zu sitzen. Hierfür fehlt vielen Menschen allerdings die Geduld. Ich wusste während dieser Development Zirkel intuitiv, dass ich in meiner Entwicklung nicht mehr alleine weiter kommen würde und dass ich gute Lehrer für meine weitere Entwicklung brauchte.

So nutzte ich während der Covid-19-Pandemie die ruhige Lockdown-Zeit, mich in Trancekontrolle weiterzubilden, und sehe den Lockdown heute als eine glückliche Fügung für meinen medialen Weg. Insbesondere durch Steven Upton, einem Lehrer der Spiritualists' National Union (SNU), wurde mir bewusst, dass ich ein Trancekontrolle Medium bin und lerne, wie ich diese Fertigkeit weiter vertiefen konnte. Auf seinen Rat hin habe ich im Herbst 2020 einen Heimzirkel (Home Circle) gegründet und Menschen gefunden, die bereit waren, für mich als Sitter zu sitzen.

Viele der empfangen Botschaften und Heilenergien, waren für die anwesenden Teilnehmer gedacht. Doch mir wurde schnell bewusst, dass diese Botschaften weit mehr Menschen in dieser Zeit betreffen.

Auf vielfachen Wunsch der Teilnehmer des Heimzirkels, habe ich die Botschaften meiner Geistführer nun zu Papier gebracht. Auch da wegen der Corona Abstandsregeln nicht so viele Teilnehmer möglich waren und ich vielen Sittern absagen musste. Auf diesem Weg möchte ich die Botschaften „Der Vergessenen", die sich selbst „The

Forgotten Ones" nennen, noch weiteren Menschen zugänglich machen.

Mögen die Worte „Der Vergessenen" viele Herzen berühren und helfen, durch diese besonderen Zeiten zu gelangen.

Meine Geistführer und Geistlehrer sprachen in diesem Heimzirkel sicher nicht ohne Grund Englisch, daher habe ich mich dazu entschlossen, diese Botschaften zunächst so zu belassen und im Original auf Englisch zu veröffentlichen. So können die Worte „Der Vergessen" nicht nur mehr Menschen auf dieser Welt erreichen, sondern es wird auch die Originalschwingung der Worte weitergegeben, die sich ganz anders anfühlt, als in dieser Übersetzung. In dem Bewusstsein, dass sich die Schwingung der Worte verändern wird, habe ich das Buch dennoch auch ins Deutsche übersetzt.

Über Fast Arrow und die Vergessenen

Dieses Buch gibt die Botschaften meines Heimzirkels, während der Covid-19-Pandemie im Jahr 2020, wieder.

Ein Trancekontrolle Medium hat mehrere Geistführer und Lehrer, die durch das Medium sprechen oder heilen. Diese Geistführer erscheinen während der medialen Arbeit in Gruppen, werden aber nicht im Einzelnen vom Medium erkannt, da dies das Medium überfordern und die Trance behindern würde. Normalerweise gibt es in jeder Gruppe einen Sprecher, der die Botschaften der gesamten Geistführergruppe übermittelt.

Mein Geistführerteam unterstützt mich bei meiner Arbeit als Heilmedium, sowie bei Trance Speaking und bei Erdheilungen.
Ich bin mir sicher, sie inspirieren mich auch, wenn ich Bücher schreibe.
Die Energien meines Spirit-Helfer-Teams nehme ich während einer Sitzung als Gruppe, in Form von Wärme und verschiedener Veränderungen in meinem Körper, wahr.
Aber natürlich auch durch die Botschaften, die ich erhalte.

Meine Sitter können die verschiedenen Geistführer während meiner Trance sehen.

In der Zeit der Covid-19-Pandemie standen vor allem Indianer, Philosophen, Heiler und/oder Ärzte an meiner Seite, um dort ihre Weisheit und Heilkraft mit uns zu teilen.

Meine nordamerikanischen Geistführer bezeichnen sich selbst als Clan. Sie lebten einst auf dieser Erde, als alles noch in Harmonie und Frieden war. Sie lieben Mutter Erde und nehmen wahr, was die Menschen in unserer Generation der Natur antun. Sie wollen uns auf unserem Weg durch diese schwierigen Zeiten helfen. Aber gleichzeitig wollen sie auch Mutter Erde helfen. Unsere Natur und Umwelt zu schützen und dadurch diese Erde wieder zu einem besseren Ort zu machen. Uns helfen, einen Weg zurück zu mehr Harmonie, Empathie und Menschlichkeit zu finden.

In meinem Mittwoch Heimzirkel haben sich zwei Indianer namentlich vorgestellt. Sie waren für mich neue Geistführer oder ich bemerkte diese zum ersten Mal bewusst in Trance. Der erste Indianer, der sich zeigte, war „Fast Arrow" (Schneller Pfeil). Er trug einen großen Federschmuck. Dieser Kopfschmuck sah aus wie von einem Häuptling. Ich glaube, dass ich diesen Indianer schon mehrmals während meiner schamanischen und medialen Arbeit gesehen habe. Allerdings nicht so deutlich wie in dieser ersten Trancekontrolle Sitzung.

Um deutlicher zu zeigen wie er heißt, zeichnete Fast Arrow einen Indianerpfeil mit meiner linken Hand, während er durch mich sprach. Dies war in körperkontrollierter Trance, mit der Hand, mit der ich nie schreibe oder male.

Der nächste Geistführer, der sich zeigte, war ebenfalls ein nordamerikanischer Indianer. Er nannte sich „White Feather" (Weiße Feder).
Dies war sehr berührend für mich, da ich in meinem Leben schon einige besondere Erfahrungen mit weißen Federn gemacht habe. Für mich sind und waren es immer Botschaften meines Schutzengels. Aber vielleicht waren es auch Zeichen von meinem Geistführer White Feather.

Vor ungefähr 15 Jahren hatte ich ein besonderes Feder Erlebnis, als ich im Taunus unterwegs war. In einem Tal am Waldrand ging ich spazieren, während sich plötzlich und schnell ein schwerer Sturm näherte. Mir war bewusst, dass der Weg am Wald entlang zum Auto zu weit war und ich den Parkplatz nicht mehr rechtzeitig erreichen konnte. So ging ich diesen Weg, der an eingezäunten Kleingärten vorbeiführte, die so verlassen waren wie der Wanderweg – weiter Richtung Parkplatz. Plötzlich schwebte eine kleine weiße Feder vor mir her. Sie schwebte nicht zum Boden, sondern flog immer weiter vor mir her, den Weg weiter, den ich ging. Dann landete diese Feder plötzlich sehr sanft auf dem Wanderweg.

Dies veranlasste mich dazu, dass ich mich umsah, denn für mich war es ein Zeichen meiner Engel. Und so stellte ich fest, dass die Feder direkt vor einem Gartentor gelandet war, an dem ein Schild angebracht war. Auf diesem Schild stand, dass dies ein Weg ins Dorf sei, den man auf eigenes Risiko gehen konnten.

So konnte ich direkt durch diese Kleingärten hindurch gehen und erreichte so ohne Umwege das Auto. In dem Moment, in dem ich ins Auto stieg, ging das Unwetter mit Blitz und Donner los. Starkregen ergoss sich auf das Tal und mein Auto.

Ich hatte Gänsehaut und war meinem spirituellen Hilfsteam unendlich dankbar, dass sie mir diese Abkürzung gezeigt hatten.

Weitere Erfahrungen mit weißen Federn folgten. So gab es auch nach Beginn des Mittwochs Heimzirkels berührende Feder Erlebnisse.

In den frühen Tagen des Heimzirkels tauchten Federn auf oder materialisierten sich sogar an verschiedenen Stellen. Die erste Feder befand sich plötzlich in meinem Warte-zimmer unter dem Stuhl für eine Teilnehmerin des Zirkels. Kurze Zeit später teilte die Sitterin mir mit, dass sie an diesem Abend nicht an dem Treffen teilnehmen könne. Sie hatte zu dieser Zeit persönlichen Kummer und schrieb mir nur wenige Tage später, dass eine Feder in ihrem Haus wie aus dem Nichts aufgetaucht war. Die Feder fand sie in einem Raum, der die ganze Woche verschlossen war.

Am Nachmittag fand eine weitere Patientin von mir eine weiße Feder auf dem Boden in ihrem Wohnzimmer. Genau in dem Moment, als ich aus der Ferne eine schamanische Heilungsreise für einen Verwandten von ihr unternahm, um den sie sich sorgte. Sie berichtete, dass alle Fenster geschlossen waren und dass sie noch nie eine Feder im Raum gehabt hatte.

Unsere Guides zeigen uns nicht immer so deutlich, dass sie da sind, uns zu unterstützen und zu inspirieren. Umso dankbarer bin ich meinem spirituellen Team, dass sie sich in meinem Leben so oft sichtbar gemacht haben, auch in menschlicher Form, so dass ich sie nicht ignorieren konnte. Sie öffneten mir so oft die Augen für andere Realitäten.
Und nun liegt es vielleicht an mir, etwas für diese Geist-führer zu tun und ihre Botschaften auf diesem Weg in die Welt zu tragen. Mögen diese Worte, die ich in Trancekont-rolle empfangen habe, viele Menschen in ihren Herzen berühren und diese für unsere Mutter Erde öffnen. Ich wün-sche mir, dass die Menschheit eines Tages wieder in Harmonie und Frieden mit und auf der Erde leben wird, wie es für den Clan von Fast Arrow Alltag war. Mögen uns die Worte von Fast Arrow inspirieren, und durch die Stürme unserer Zeit tragen.

Wie es begann

Wir haben unseren Heimzirkel am 16. September 2020 in Bad Homburg v. d. H., während der Covid-19-Pandemie begonnen.

Mittwoch abends traf ich mich mit guten Freunden, um mich mit meinem Spirit Team für Trancekontrolle (Trance Control) zu verbinden. Um mich weiter von der Gedankenkontrolle (Mind Control) zur Körperkontrolle (Body Control) zu entwickeln, wie es mir Steven Upton empfohlen hatte. Die Anzahl der Teilnehmer im Zirkel änderte sich in den folgenden Wochen ständig aufgrund der sich ändernden Distanzregeln. Insbesondere während des Zeitraums der Kontaktbeschränkungen anlässlich der zweiten Covid-19-Pandemiewelle. Manchmal konnten wir uns nur mit fünf oder drei Menschen oder nur mit Personen aus zwei Haushalten treffen. Aber die Energie innerhalb des Zirkels blieb hoch und die Botschaften und Trancesitzungen wurden immer tiefer. Oder besser gesagt, die Verbindung zu meinen Geistführern wurde enger und intensiver.

In dieser Zeit konnte ich nach innen gehen, um meine Trancefähigkeiten zu entwickeln, so wie wir vom Virus dazu aufgefordert wurden.

Die Botschaften meines spirituellen Teams hatten oft auch mit dieser Zeit zu tun. Sie beantworteten aber auch die direkten Fragen der Teilnehmer oder versorgten diese mit heilenden Energien, um gestärkter durch diese Zeiten zu gehen.

Bald erkannte ich, dass dieser Kreis nicht nur da war, um meine Trancefähigkeiten weiter zu entwickeln. Es war viel mehr eine heilige Zeit, um sich selbst noch besser kennenzulernen und von den Geistführern und ihren Botschaften zu lernen.

Sie gaben uns in diesen Zirkeln nie konkrete Heilrezepte zur Behandlung der Erkrankungen. Vielleicht lag es daran, dass sie wissen, dass ich als Heilpraktikerin in Deutschland keine Covid-19-Patienten behandeln darf. Aber darum geht es in diesem Buch auch nicht.

Kaum saß ich in Trancekontrolle, sprach bereits der erste nordamerikanische Indianer mit uns, Fast Arrow. Der indianische Pfeil ist ein Symbol, um die Botschaften auf einen Punkt zu bringen. Um genau und zentriert zu sein. Es ist auch ein Symbol für seine nordamerikanische Abstammung. Die Teilnehmer sahen, dass sich mein Gesicht während des Sprechens veränderte. Es wurde faltig.

In Trance sprach ich Englisch, obwohl wir eine deutsche Gruppe waren. Auch in den folgenden Wochen gab ich meine Trancebotschaften auf Englisch weiter, obwohl die Teilnehmer es nicht verstanden hatten.

Vielleicht, weil diese Geistführer Amerikaner waren und es üblicherweise ihre Sprache war? Oder weil die Energie dieser Wörter auf Englisch anders ist als auf Deutsch?

Für mich hat die Energie des Namens „The Forgotten Ones" eine andere Schwingung als die deutsche Übersetzung „Die Vergessenen".

Vielleicht war dies der Grund dafür? Oder haben sie ihre Worte auf Englisch übermittelt, weil diese Botschaften über die deutschen Grenzen hinaus verbreitet werden wollten?

In diesen Trancesitzungen sahen die Teilnehmer nicht nur das Gesicht eines nordamerikanischen Indianers mit brauner Haut und langen Haaren. Sie sahen auch andere Gesichter von Gelehrten, Philosophen, sowohl Männer als auch Frauen.

Meine Aura hat sich während der Sitzungen verändert. Oft war ich für die Teilnehmer nicht sichtbar, als wäre ich hinter einem Schleier. Oder die Aura wurde hellweiß, besonders meine Arme und Hände. Viele Teilnehmer sahen dies. Auch diejenigen, die so etwas vorher noch nie gesehen hatten, waren erstaunt. Die Sitter sahen diese weiße Energie besonders deutlich, als die Geistführer heilende Energie durch meine Hände fließen ließen. Diese Energie konnte ich fühlen. Sie wurde von Woche zu Woche mehr. Sie war heiß, sie bitzelte, vibrierte. Es war, als würde sich ein Energieball in meiner Hand bilden. Meine Geistführer bestätigten dies und nannten es einen Energieball, durch den ich heilen würde.

Ein Teilnehmer sah einen Geistführer aus meiner Kehle auftauchen, als ich am 16. September 2020 zum ersten Mal in Trance sprach.

Bei den ersten Zirkeln befürchtete ich, dass es nur inspiriertes Sprechen war. Aber ich fühlte die Anwesenheit der spirituellen Lehrer in meiner Aura und ich bekam ihre Botschaft wie einen Download. Die Sitter fühlten und sahen diese Geistführerteams, nahmen sie noch deutlicher wahr als ich.

Ich war mir sicher, dass meine Geisthelfer da waren. Wie ich es seit Monaten in meinem Entwicklungskreis fühlte. Sie inspirierten mich, in mich und unsere Verbindung zu vertrauen und zu sprechen. Und so tat ich es. Vor diesen ersten Worten sah ich einen indianischen Kopf mit einem großen Federkopfschmuck.

Zwei der drei Teilnehmer sahen ebenfalls diesen Indianer und wussten, dass er nicht aus unserer Zeit stammte.

Dieser Indianer sagte, dass sie eine Geistführergruppe seien - wie ich es gelernt hatte. Er nannte es jedoch Clan. Und er sagte, er sei der Sprecher dieses Clans. Für mich fühlte er sich auch wie ein Häuptling an.

Er sagte, sie seien wie Sterne am Firmament. Jeder ein einzelner Stern mit einer bestimmten Aufgabe, jedoch miteinander verbunden wie ein Sternzeichen. Jeder strahlt auf seine Weise, mit seinen individuellen Qualitäten. Sie sind in seinem Clan individuelle Persönlichkeiten, die jedoch für einen höheren Zweck verbunden sind. Sie sind miteinander verbunden und haben gemeinsam eine besondere Kraft.

Es könne mit den Sternzeichen Löwe, Waage oder Fische verglichen werden. Und genau so sollten wir leben – verbunden. Auch mit unserer Seelenfamilie. Sich gegenseitig unterstützen und nicht vergleichen. Nicht eifersüchtig sein.

Dann sollten die Teilnehmer die Erde unter ihren Füßen spüren. Wieder den Kontakt zu Mutter Erde finden. Er sagte, sie lebten in Harmonie mit der Erde. Die Menschen haben heutzutage diese Harmonie verloren.

Dieser Indianer hat mehrmals gesagt, dass sie dankbar waren, dass wir hier sind, in diesem Zirkel. Besonders in diesen turbulenten Zeiten voller Chaos. Und er versicherte uns, dass sie uns von „dort drüben" unterstützen - von „ihrer Seite des Lebens". Und dann schickte er Licht zu den Teilnehmern. Meine Hände „glühten" und wurden sehr heiß und ich fühlte eine Art Lichtball in meiner linken Hand. Als ich die Trance beendet hatte, sahen die Teilnehmer, wie die Vergessenen wieder gingen und meine Aura sich wieder veränderte. Sie wurde normal, ohne Strahlen, Falten oder Ähnliches - es war und fühlte sich an wie zuvor.

Hier ein Bericht einer Teilnehmerin dieses ersten, so berührenden Treffens am 16. September 2020 in meiner Praxis:

„Mein erstes SITZEN:
Ich hatte Bedenken, dass ich so lange einfach nur ruhig dasitzen kann und schweigend beobachten…
Aber die Bedenken waren unnötig, denn es war von Anfang an spannend.

Es war nicht einfach, meinen Blick auf Diana zu konzentrieren, aber ich schaffte es, alles andere auszublenden und mich voll auf ihr Gesicht zu fixieren, und als es losging, kam auch schon das erste OHHHHH, denn in dem Moment, wo sie in Trance ging, sah ich Gesichter auf ihrem Gesicht!

Es waren einige verschiedene Gesichter, eine alte Frau, ein Indianer, ein Mann mit Zylinder, und noch eine Frau, die mich zuerst etwas erschreckte, denn sie hatte rote Augen, mit denen sie mich ansah. Mir war erst ganz mulmig, ob ich das wirklich so sah, denn diese Gesichter waren sowas von lebendig… aber dann beruhigte ich mich etwas, denn ich erkannte je nachdem, mit wem Diana wohl gerade kommunizierte, erschienen diese auf ihrem Gesicht, und die roten Augen waren die freundlich lächelnden Augen von der roten Erdgöttin selbst. ❤ Den Wechsel zu beobachten war faszinierend und aufregend, es schien, als ob alle was zu sagen hätten, und es waren mehr, als ich dachte, denn zu Beginn wechselten sie schnell und während der Trance blieben sie meist einen Moment, bevor der nächste „sprach". Irgendwann fing Diana an zu schreiben, zumindest sah es so aus, leider habe ich mir nicht gemerkt, welches Gesicht sie da hatte, als sie schrieb, denn ich war hin und weg von der Tatsache das sie ihre Hand und Finger bewegte, als ob sie schrieb und malte. So ging es eine ganze Weile und die Gesichter wechselten immer wieder, und die roten Augen der Erdgöttin strahlten mich liebevoll an. ❤

Gegen Ende war es dann wie zu Beginn, die Gesichter wechselten schnell, als ob alle tschüss sagen wollten, und dann war Diana wieder voll bei uns.

Im Gespräch danach bekam ich die Bestätigung, dass ich mir das nicht eingebildet habe. ❤

Ich freue mich schon auf das nächste Mal!"

G. N.

Die Vergessenen sprechen

Hier gebe ich die transkribierten Originalbotschaften der Vergessenen wieder, die ich, während der Heimzirkel aufgenommen habe. Denn ich konnte mich bereits an dem betreffenden Abend nicht mehr an all das erinnern, was gesagt wurde.

Trance Speaking vom 23. September 2020

Diese Zeiten sind etwas Besonderes. Voller Gnade und Segen und voller Möglichkeiten.
Wir sind wie eure Sterne, die vom Himmel scheinen. Du kannst uns wie dem Polarstern folgen. Aber du musst es nicht tun, doch es kann helfen. Es kann durch dunkle Zeiten helfen und durch Ängste.
Dies sind besondere Zeiten. Voller Wachstum. Lasse es zu. Du kannst wie ein Stern für andere sein oder ihnen auf ihrem Weg helfen. Ergreife deinen Seelenstern. Folge deinem Weg in diesen Zeiten. Wir sind hier bei dir. Wir helfen dir. Wir leiten dich. Du bist in dieser Zeit nicht allein. Folge deinem Stern.

Wir sind hier als Heiler, als Geistführer, zur Inspiration. Um dir zu helfen, vorwärtszukommen. Bleibe nicht aus Angst oder Hass stehen. Lass die Angst anderer nicht in dein Herz und in deine Seele. Gehe deinen eigenen Weg. Glaube an dich selbst, an deine Seele, deinen Stern und deine Geistführer.

Jeder hat einen Geistführer an seiner Seite. Sie beleuchten euren Weg.

Folge nicht dem Weg anderer. Finde deinen. Deinen eigenen Weg in deinem Leben. Und strahle für andere.

Wir sind hier, um dich zu unterstützen, zu segnen, zu heilen. Aber dein Leben lebst du. Wir können dir Wege zeigen, Möglichkeiten, helfen, aber du hast dein Leben zu leben.

Spüre den Pulsschlag der Erde unter deinen Füßen. Verbinde dich mit Mutter Erde. Mit ihrer Energie. Vertraue Mutter Erde. Deiner Verbindung zu Mutter Erde.

Wir senden dir Licht für Wachstum. Hüllen dich damit ein. Vielleicht spürst du die Wärme, das Licht. Du bist nicht allein.

Vergleiche dich nicht mit anderen. Kein Stern vergleicht sich mit einem anderen Stern. Jeder Stern hat einen Platz in diesem Universum. Voller Licht, Raum. Aber die Menschen verstehen das nicht. Sie vergleichen ihr Leben mit anderen Leben. Vergleiche nicht eine Rose und ein Gänseblümchen. Jeder hat seinen Platz in diesem Universum. Einen Ort voller Liebe. Vergleiche nicht.

Vielleicht kannst du den Gipfel eines Berges erreichen. Vielleicht nicht. Jeder hat seine eigene Vision. Du weißt nicht, wie der Lebensplan von einer anderen Person ist. Vergleiche dein Leben nicht mit deren Leben. Folge deinem Weg, deiner Vision.

Wir schicken dir jetzt Heilung. Fühle die heilende Energie in deinem Herzen.

Du kannst wie der Büffel durch stürmische Zeiten gehen. Er wird nicht in Angst erstarren. Er geht in den Sturm, denn er weiß, dass der Sturm vorüberzieht.

Der Büffel läuft nicht vor dem Sturm davon. Er geht in den Sturm und durch den Sturm hindurch. So kannst auch du durch diese Zeit gehen. Nicht weglaufen und in Angst erstarren.

Der Büffel stellt sich dem Sturm. Und der Sturm geht vorbei. Schneller als man denkt.

Grabe nicht zu tief in deine Probleme. Manchmal ist die Lösung am Ende der Wurzel, aber nicht immer. Manchmal gräbst du zu tief in deinem Leben. Konzentriere dich wie eine Blume auf die Sonne über dir, nicht auf die Wurzeln, an denen du deine Probleme vermutest. Manchmal gräbst du zu tief. Du siehst Probleme, wo es keine Probleme gibt. Du suchst nach Problemen, die es nie geben wird.

Sei wie eine Blume, die sich zur Sonne wendet. Zu den heilenden Lichtern, zu deinen Engeln, Geistführern und Sternen. Und nicht zu deinen Problemen.

Du brauchst starke Wurzeln in deiner Familie. Wenn du diese Wurzeln nicht hast, erschaffe deine eigenen Wurzeln. Deine Verbindung zu Mutter Erde, zu deiner Seelenfamilie und zu Freunden. Zur Natur. Das hilft. Aber konzentriere dich nicht die ganze Zeit darauf.

Vergiss nicht die Sonne, die Sterne, die Lebensenergie über dir. Die heilenden Lichter.

Wir helfen dir zu heilen und zu leben.

Nicht nur du musst lernen. Auch wir müssen lernen, mit dir zu arbeiten. Um die Stimme in dir zu finden, für unsere Welt.

Wir lernen zusammen. Wir heilen zusammen. Aber es braucht Zeit. Um sich zu entwickeln. Zu wachsen. Sich zu verbinden.

Wir müssen es auf beiden Seiten lernen. Jeder Mensch ist anders. Jeder lernt anders. Wir müssen zusammen lernen. Uns zu verbinden. Um vorwärtszugehen. Gib uns Zeit. Zu wachsen und zu heilen. Um zur Sonne zu wachsen, zum Licht. Wie eine Blume werden wir zum Licht in dir und über dir wachsen.

Berichte der Teilnehmer des Zirkels

„Ich habe weniger gesehen als gefühlt. Dianas Körper war von einem hellen, gleißenden Licht (habe ich als angenehm empfunden) eingerahmt, wie die Schicht einer Aura. Auf der rechten Seite (ihrer tatsächlichen rechten Seite) war die Schicht deutlich dicker, insbesondere ab der Schulter bis zum Kronenchakra. Es ist eine starke Energie geflossen, die ich in meinem Körper gespürt habe, so dass mir teilweise die Beine gezuckt haben, ohne dass ich es abstellen konnte. Es war angenehm warm und ich habe mich geborgen gefühlt.“
B. T.

„Ich glaube, beim ersten Mal habe ich auf einmal Panik und schlecht Luft bekommen ... Ich fing an zu zappeln, wurde unruhig, mir haben meine Beine auf einmal weh getan ... Ich habe hinter Diana ein helles Licht gesehen und habe Gänsehaut bekommen, weil ich gespürt habe, dass jemand an mir von hinten vorbei ging, aber es war keiner da ... Ich bin sehr erschöpft nach Hause gegangen und am nächsten Tag ging es mir richtig gut.“
C. S.

„Vor der ersten Sitzung war ich etwas nervös, weil ich nicht wusste, was mich erwartet. Die ersten Minuten habe ich nichts bemerkt, habe aber die Stille genossen. Als Diana dann anfing zu sprechen, änderte sich alles in meinem Kopf. Am Anfang dachte ich, ich hätte mich zu sehr aufs Stillsein konzentriert ..., doch das war es nicht. Ich sah eine Art Nebel im Raum, wo Diana saß, ich machte immer wieder die Augen auf und zu, um zu prüfen, ob das Erscheinungsbild noch da ist, es war real, die „Zwei Sitters", die noch im Raum saßen, waren für mich völlig verschwunden ... Dafür nahm ich den Kopf von Diana wie bei einem Daumenkino, im Rasterschema wahr. Ich sah unterschiedliche Gesichter, die immer wieder in Erscheinung traten. Da war eine Art Indianer, jedoch ohne Kopfschmuck, aber mit Gesichtsbemalung. Eine Frau in Dianas Alter jedoch mit dreifacher Haarmenge. Als dieses Frauengesicht erschien, war mir, als hätte jemand hinter Diana das Licht ein- und ausgeschaltet.
Mein Körper fühlte sich wie magisch angezogen von ... irgendetwas ... Als Diana aufhörte zu reden, waren alle verschwunden. Mein Körper fühlte sich leicht und irgendwie „neu" an, aber auch wie „entladen"?! Ich schlief in der Nacht wie ein Bär."
S. L.

Finde deine Wahrheit

Trance Speaking vom 30. September 2020

Eure Zeit ist wie eine Blume im Frühling, die wachsen will. Aber die Menschen lassen sie nicht wachsen.

Wie eine kleine Blume voller Energie, Kraft und Lebenskraft, die aus der Erde hervorkommt, zu neuem Leben erwacht, aber die Menschen lassen sie nicht wachsen.

Dein Leben ist wie eine kleine Blume im Frühling. Neues Potenzial. Neues Leben. Aber die Menschen sehen es nicht. Sie wollen in den alten Energien stecken bleiben, in den Dingen, die sie kennen. Aber sie müssen weitergehen, in ein neues Leben. Voller Frieden, Liebe, Dankbarkeit, Freundschaft und Bruderschaft. Brüderlichkeit. In ein neues Leben in Frieden. Diese Blume ist auf ihrem Weg. Aber viele Menschen denken nicht, dass sie wächst. Lassen sie nicht wachsen. Sie sind voller Hass und Angst.

Was wächst in deinem Leben? Was ist neu? Lasse dies jetzt wachsen. Zu einem neuen Leben. Etwas in deinem Leben, das du schon immer machen wolltest. Lernen, Schreiben oder Malen.

Wie das Getreide. Im Winter werden die Samen in die Erde gelegt. Sie liegen im Boden und es ist noch nichts zu sehen. Es wartet darauf, dass du es wachsen lässt. Wachse.

Wir senden dir heilendes Licht und Frieden. Fühle es in deinem Herzen, deinem Körper und in deinem Geist. Lasse es wachsen wie eine Blume, die aus dem Schnee hervor kommt. Sie bringt Hoffnung, Frieden und Leben.

Du bist wie diese Blume und solltest nicht aufgeben. Gebe in dunklen und kalten Zeiten nicht auf und wachse der Sonne und den Sternen entgegen.

Wir sind hier aus den alten Zeiten. Die Vergessenen. Wir sind die Indianer von der Erde, Natur, Sonne und den Sternen. Wir sind die Vergessenen, aber wir sind immer noch hier. Wir lieben das Land, die Blumen, die Bäume, die Sterne.

Nicht nur wir werden vergessen. Die Natur ist vergessen. Wir sind die Vergessenen.

Wir wollen in Frieden helfen. In Frieden leben.

Alles lebt. Die Erde, die Sterne, die Meere, die Tiere und die Blumen.

Wir sind hier, um euch durch diese Zeiten zu helfen, auf eine neue Erde - in Frieden.

Der Büffel geht in den Sturm. Wir werden euch durch diesen Sturm in dieser Zeit helfen.

Es wird ein Sturm sein. Mehr als du ahnst. Aber wir werden euch durch diese Zeit helfen.

Wir sind die Vergessenen, aber wir sind immer noch hier. Wir sind die Heiler dieser Erde und deiner Seele. Fühle die Energie in deiner Seele und deinem Herzen. Wir sind hier, um dich und deine Seele zu heilen. Fühle es.

Wie die Schnecke und die Seele. Finde die Geduld und die Seele in dir. Finde die Antworten in dir selbst.
Geh in dein Herz und deine Seele. Glaube nicht an andere. Finde es in deiner eigenen Seele. Wir helfen dir dabei. Wie die Schnecke, die in ihr Haus geht. Lerne in dich selbst zu gehen. Jeden Tag. Jede Woche. Wie es dir möglich ist.
Suche nicht außerhalb von dir nach der Wahrheit. Geh in dich und finde es in deinem Herzen. Wir helfen dir, diese zu finden.
Gehe in dein Herz und fühle die Wahrheit. Nicht in deinen Verstand.
Die Menschen wollen deinen Verstand kontrollieren, dein Gehirn. Aber gehe in dein Herz und fühle dort die Wahrheit in dieser Welt des Lebens. Wir können dir helfen, die Wahrheit zu finden.

Die Wahrheit gehört nicht den lautesten Menschen. Du kannst sie in der Natur finden, in den Bäumen. Den Tieren. Den Geistführern. Sie sind nicht laut. Du musst sie finden. Sie warten auf dich. Geh in die Natur und finde die Wahrheit.

Wir schicken dir jetzt Heilung. Fülle dein Herz und deine Seele damit und nehme es mit nach Hause.

Spüre diese Energie aus unserer Welt. Von uns, den Vergessenen. Wir sind immer noch hier und du kannst uns durch diese Energie fühlen. Wir sind immer noch hier.

Wir senden dir Heilung durch die Zeiten deines Lebens. Wie durch Schichten in dir. Schichten, die Hilfe, Heilung, Vertrauen und Hoffnung brauchen. Was ist nicht im Gleichgewicht? Was schreit um Hilfe? Was wird nicht gesehen? Bringe es in Harmonie.

Alles hat seinen Platz. Wie die Sterne im Himmel. Alles hat einen Platz in deinem Leben. Höre zu und vertraue.

Es ist Zeit zu gehen, aber wir werden bald wieder hier sein. Wir glauben an dich. Wir beschützen dich. Wir heilen dich und helfen dir durch diese Zeiten.

Beobachtungen der Teilnehmer

„Bei diesem Mal hatte ich große Schwierigkeiten, mich zu konzentrieren/fokussieren. Die Energie habe ich noch stärker gespürt als beim ersten Mal. Dies hatte zur Folge, dass meine Beine permanent gezuckt haben und ich eine starke innere Unruhe verspürt habe. Ich habe es aber nicht als unangenehm empfunden, eher wie zu viel Energie und als müsste ich mich "austoben". Wie beim letzten Mal hat Diana auch an diesem Abend das schon beschriebene Licht umgeben. Zum Ende der Sitzung stand ein Indianer (auf ihrer rechten Seite) hinter ihr. Das war das erste Mal, dass ich eine "Gestalt" gesehen habe."
B. T.

„Beim Zweiten Mal bin ich regelrecht erschrocken und die anderen haben mir bestätigt das ich auch wow oder sowas gesagt habe, weil aus Diana kam ein Indianer Gesicht, das in den Raum auf mich zukam ... Und ich weiß jetzt leider nicht mehr, ob es beim ersten oder zweiten Mal war, dass ich einfach weinen musste und wusste nicht, warum. Für mich war es ein Hammer Erlebnis, auch als Diana in Englisch von Mutter Erde und den Sternen geredet hat.

Und auf einmal auch auf Deutsch. Und dass sie auch auf dem Block gekritzelt hat."
C. S.

"Bei diesem Mittwoch Zirkel war es anders. Ich war von Anfang an ruhig, völlig gelassen. Am Anfang ist nichts passiert. Und wieder, als Diana anfing zu sprechen, erschienen auf ihrem Antlitz ein älterer Mann und eine ältere Frau. Entweder beide ohne Haare oder streng zurückgesteckt. Typ ähnlich, Asiatisch, Japanisch so die Richtung. Beide sehr freundlich, immer wieder im Wechsel erscheinend, immer dahinter ein helles Licht ins Lila – Rosa gehend um Dianas Oberkörper. Zum Ende hin, kam ein Wesen hinzu ähnlich einem Schildkrötenkopf, sehr sinnlich und nett. Wieder ging ich entspannt nach Hause."
S. L.

"Bei dem ersten Treffen, bei dem ich dabei war, hatte ich nach circa 15 Minuten den Eindruck von einem starken Energieschub, mir kamen dabei die Tränen, so ergreifend fühlte sich das an. Auch die Worte, die Diana gesprochen hat, haben mich sehr berührt. Im Laufe der Sitzung habe ich im Wechsel, eine Indianerin und einen Mongolen in ihrem Gesicht gesehen."
C. H.

Der unsichtbare Raum

Trance Speaking vom 7. Oktober 2020

Wir sind hier, um euch durch die Stürme und die schweren Zeiten zu führen. Schwierige Zeiten. Traurige Zeiten.

Du denkst, wir sind nur hier, wenn du dich allein fühlst, voller Angst. Wir sind immer hier, aber du bist blind für unsere Welt, wenn du keine Angst hast.

Wir treffen uns in schweren Zeiten, dunklen Zeiten, wie in diesen, durch die du gerade gehst. Die Welt ändert sich. Menschen verändern sich. Es liegt an dir, dich zu ändern: dich, die Welt in dir.

Schaue nach den Sternen, aber nicht zu den Sternen. Schaue in den Raum zwischen den Sternen. Der Energie. Der Energie zwischen Menschen, zwischen Dingen, zwischen dir und deinem Nachbarn.

Es ist die Energie, die Dinge verändert, nicht der Mensch. Es ist wie bei den Atomen. Du hast vergessen, dass die Energie in der Leere liegt, nicht in dem, was du siehst. Aber die Leute verstehen es bis jetzt nicht. Es ist für deinen Verstand nicht zu begreifen. Du musst es fühlen, nicht mit deinem Verstand oder Gehirn verstehen wollen.

Fühle die Energie in den Atomen, zwischen den Atomen. Zwischen dir und deinem Freund, deiner Familie. Was kannst du zwischen euch fühlen? Hast du es schon gefühlt, erkannt? Es geht um die Energie. Es gibt mehr als dies. Es ist Energie. Es ist nicht einfach, es dir zu beschreiben.

Wir arbeiten mit der Energie um dich herum. Nicht in dir. Es ist ein Magnetfeld, die Energie. Du kannst es mit deinen Gedanken ändern. Mit deinem Herzen. Mit deiner Liebe. Es ist die höhere Schwingung, die du benötigst, damit wir mit dir arbeiten können. Geh von deinem Verstand in dein Herz.

Sehe den Ozean und den Mond. Wie sie reagieren. Die Menschen kennen die Geheimnisse dahinter nicht. Fühle die Geheimnisse mit deinem Herzen. Geh aus deinem Gehirn in dein Herz. Du kannst die Wahrheit in deinem Herzen fühlen. Fühle die Energie in deinem Herzen.

Wie deine Organe. Schaue nicht immer auf deine Nieren oder Leber. Schau auf den Raum dazwischen. Der Körper arbeitet, wenn alles zusammenarbeitet. Wenn etwas fehlt, ist es wie bei den Sternen am Himmel. Wenn ein Stern fehlt, ist die Energie anders. Wie die Sterne in den Sternzeichen. Und so ist es in deinem Körper. Wenn etwas fehlt, ist die Energie anders. Du bist anders. Du musst etwas finden, für das, was fehlt. Du wirst es lernen, aber nicht heute. Wir werden es beschreiben, aber nicht heute. Aber verstehe deine Gefühle, dein Herz. Alles ist verbunden.

Wenn etwas fehlt, gibt es keine Harmonie in eurer Welt und in eurem Himmel. Wenn Tiere fehlen, gibt es keine Harmonie wie zuvor. In eurer Dimension wissen sie nicht, was sie tun. In dieser Welt und Natur, und mit ihren Körpern und allem.

Die Harmonie ist weg. Man muss danach suchen und sie in diese Welt zurückbringen, um Frieden zu erschaffen.

Farben und Schwingungen

Trance Speaking vom 14. Oktober 2020

Wir werden deine Hände zum Heilen bewegen. Wir arbeiten durch das Aura-Feld, in der Energie um den Körper. Wir arbeiten durch deine Hände. Mit der Energie. Es sind alle hier, mit der Weisheit, was dahinter steht, hinter den Dingen, die du siehst. Vielleicht kannst du es fühlen, wenn du blind für die Dinge bist. Du musst es in deinem Herzen fühlen, mit deiner Seele. Du kannst die Energie um dich herum spüren, die Energie des Körpers, der Menschen. Die Energie ist nicht konstant. Sie ändert sich. Fließt. Jeder Tag ist einzigartig. Es liegt an dir, herauszufinden, was dahinter steckt.

Was ist gleich? Was ändert sich nicht in den Energien?

Wir sehen die Farben der Seele. Auch du kannst sie sehen und fühlen.

Ich schicke dir jetzt das Hellblau aus den Ozeanen. Fühle es in deinem Herzen. Es ist kalt. Weit. Es ist grün.

Wir heilen mit Licht, Farben und Schwingungen. Weit über alles hinaus, was du dir vorstellen kannst.

Wir heilen hinter Zeit und Raum. Du wirst es lernen. Aber nicht heute. Es geht darum, mit Geduld und Vertrauen zu lernen.

Wir danken euch, dass ihr hier seid. Um zu helfen, wieder zueinanderzufinden. Um Frieden und Heilung in deiner Seele zu finden.

Fühle die Energie, die wir dir senden. Wir schicken dir jetzt Heilung. Heilung, die weit über deine Vorstellungskraft hinausreicht. Von unserer Seite des Lebens. Wir senden dir Licht. Von unserer Seite des Lebens. Fühle die Energie um dich herum.

Warum bist du hier? Was suchst du? Frieden?

Ich bin hier an deiner Seite und frage, warum bist du hier? Was brauchst du in deinem Leben? Wonach suchst du? Wie können wir helfen, damit du in Frieden, Freiheit und Freude lebst?

Die Menschen müssen in sich gehen, um den Sinn des Lebens zu finden. Wir sind hier, um dir zu helfen und dein Herz zu öffnen. Wir senden dir Energie, um dein Herz zu öffnen.

Unsere Vorfahren lebten ihr Leben in zwei Welten. Eure Kultur hat es vergessen. Es ist Zeit, in dich zu gehen, um deine Wurzeln und deinen Glauben zu finden.

Trance Speaking vom 21. Oktober 2020

Wir beleuchten deinen Weg durch die Dunkelheit. Wir sind hier, um dir Frieden, Vertrauen und Geduld zu bringen. Wir geben dir Licht für die dunklen Zeiten voller Angst, Hass, Eifersucht. Die Leute schauen nicht auf ihren eigenen Weg. Sie schauen nach den anderen. Sie sind eifersüchtig auf deren Weg. Auf alles, was sie haben. Sie vertrauen nicht sich selbst und ihrem Weg. Sie sollten ihren eigenen Weg gehen, ohne Angst und mit Vertrauen. Wir sind hier, um dir durch diese dunklen Zeiten zu helfen.

Wir kennen uns schon lange. Wir hatten diese Verabredung, uns hier zu treffen. Frieden und Licht und Liebe zu bringen. In dein eigenes Herz und auf deinen Weg. Für deinen eigenen Weg. Schau nicht auf die anderen. Lasse sie nicht deinen Weg ändern. Lass sie nicht deinen Glauben stehlen und vertraue auf dich. Gehe deinen eigenen Weg. Wie der Büffel.

Du hast Organe in deinem Körper, die höhere Frequenzen als andere haben. Ihr nennt sie die Wichtigen, aber es steckt mehr dahinter. Sie haben eine höhere Frequenz. Und wenn sie fehlen, ist die Frequenz deines Körpers nicht so hoch, wie es sein sollte.
Und was machst du? Du setzt sie nicht höher. Du setzt sie tiefer. Du musst der Frequenz dieses Körperteils helfen. Mit Vertrauen, Liebe und Geduld.

Wir senden hohe Schwingungen, Farben, Heilung. Höher als du denkst. Wir sind hier, um euch dabei zu helfen. Um zu heilen und zu verstehen. Dieser Raum zwischen allem, ist magnetisch und hat eine hohe Schwingung. Man muss lernen, was dahinter steckt. Das braucht Zeit.

Die niedrigste Frequenz ist an deinen Füßen, auf dem Boden und geht im ganzen Körper höher bis zu deinem Kopf. So wie die Chakren zu einer immer höheren Schwingung hinaufgehen, aber ihr versteht es nicht. Sie bringen uns zu einer höheren und niedrigeren Schwingung als dein Herz und deine Lunge. Denk darüber nach. Ihr könnt sie nicht mit derselben Schwingung heilen.
Es geht höher als die Ohren. Das Gehirn ist das höchste. Du musst darüber nachdenken. Denke darüber nach, was dahinter steckt.
Der Coronavirus hat eine höhere Vibration. Also geht es in die Lunge. Nicht tiefer. Die Lunge wird mit höheren Vibrationen geheilt, wie auch das Gehirn. Du musst darüber nachdenken. Es ist anders.
Wir schicken dir jetzt Heilung. Wir senden euch hohe Heilungsschwingungen in euer Herz, zu eurer Lunge und in euer Gehirn. Fühle dies jetzt. Hohe Heilungsschwingungen für den Oberkörper. Kannst du es spüren? Und die Farben Blau, Violett und Weiß. Fühle die hohen Heilungsschwingungen in Herz, Lunge und Kopf. Und Grün.

Und dann niedrigere Schwingungen für den Unterkörper. Beine. Verdauungstrakt. Organe. Gelb. Rot. Orange.

Fühle jetzt den Unterschied zwischen den Schwingungen. Sie sind nicht so hoch und schnell. Sie sind niedriger. Sie haben eine Verbindung zu Mutter Erde. Rot.

Wie die Sonne und der Mond - sie haben unterschiedliche Schwingungen. Denk darüber nach.

Ein Virus hat eine höhere Schwingung als ein Bakterium. Denk darüber nach. Es kann dein Leben verändern. Die Schwingung verändern. Aber man muss daraus lernen.

Wir senden euch Heilung. Wir senden euch eine höhere Schwingung der Heilung. Für diese Zeiten. Aber du musst dich selbst zu diesen Schwingungen erheben, um durch diese Zeiten zu gehen. Durch Meditation. Mitgefühl und Verständnis. Empathie. Nicht Hass und Angst. Menschen, die voller Angst sind, kommen nicht gut durch diese Zeiten. Ebenso Menschen, die voller Hass sind. Aber sie verstehen nicht. Sie sollten durch diese Zeiten mit einer höheren Schwingung gehen.

Wir sind die Vergessenen. Vergessene Weisheit. Die Leute denken, sie wissen es jetzt besser. Sie haben die alte Weisheit vergessen und uns.

Sie suchen nach hohen Vibrationen und Dingen. Aber stecken fest in niedrigeren Schwingungen, voller Eifersucht, Hass und all dem.

Wir sind die Vergessenen. Und wir sind hier, um euch mit unserem Licht und unserer Weisheit durch diese Zeiten zu helfen. Aber vertraue dir selbst und deinem Herzen. Und gehe deinen Weg in diesen Zeiten, die voller Wachstum und Veränderung sind.

Vertraue in diesen Zeiten auf dich selbst, wie der Polarstern, der an seinem Platz bleibt. Wenn sich alles um dich herum verändert, bleibe in deinem Frieden und Vertrauen.

Berichte der Teilnehmer

„Der Raum war wieder von dieser angenehmen, sehr starken Energie erfüllt, die meinen Körper durchströmt hat. Dieses Mal konnte ich mich gut konzentrieren. Auch das Licht hat Diana wieder umgeben, wie bei allen Sitzungen immer auf ihrer rechten Seite und an der gleichen Stelle ausgedehnter/dicker.
Ich konnte mehrere ihrer Helfer sehen, so z. B. einen Engel, Mutter Maria, einen Chinesen und auch wieder den Indianer."
B. S.

„Beim dritten Mittwoch Zirkel kam ich mit massiven Rückenschmerzen und verspanntem Körper in der Praxis an. Am Anfang passierte wie immer nichts, ich hatte nur bedenken, ob ich mit diesen Schmerzen ruhig sitzen könnte. Diana fing an zu reden, ich hatte auf einmal das Gefühl, als würde mich jemand berühren und strich mir immer wieder über diese Stelle, und zwar am Hals in meinem Nacken und an meiner rechten Körperseite. Ich sah diesmal keine Gesichter. Ich verspürte nur ein mir fremdes Gefühl, in meinem Körper.

Es war, als würde jemand an oder in mir „arbeiten". Aber eigentlich spürte ich meinen Körper irgendwie nicht. An Dianas Kehlkopf kam immer wieder ein „Leuchten" auf, aber nur dann, wenn sie <u>nicht</u> sprach.

Am Ende war ich völlig schmerzfrei im ganzen Körper, fühlte mich zwar gut, war aber völlig fertig, wie nach einem Tagesmarsch."

S. L.

Ballon der Wünsche

Trance Speaking vom 28. Oktober 2020

Wir sind hier von der anderen Seite des Lebens, die Vergessenen. Wir kennen uns. Wir danken euch, dass ihr hier seid und mit uns sprecht.

Wir sind die Vergessenen. In diesen dunklen Zeiten müssen sich die Menschen selbst vertrauen. In das Licht in ihrem Inneren selbst. Nicht in das Licht anderer. Sie sollten den anderen nicht wie ein Schiff dem Polarstern, folgen. Sie sollten den anderen Menschen nicht einfach folgen. Sie wissen nicht, ob sie ihnen wie dem Polarstern vertrauen können. Dieser Stern wird sich nie ändern, aber die Menschen ändern sich, besonders in diesen Zeiten. Sie sind nicht wie der Polarstern.

Sie ändern ihre Meinung. Sie ändern ihren Glauben. Sie ändern ihren Lebensstil, um etwas Besonderes zu sein. Vertraue in dich selbst und in dein Herz. Und du kannst auf den Polarstern vertrauen. Dies sind die Vergessenen. Eure Geistführer. Aber die Leute vertrauen uns nicht mehr. Sie haben uns vergessen. Sie denken, sie haben neue Leben und sie scheitern.

Glaube an dich selbst. Vertraue dir selbst und gehe deinen Weg. Gehe nach innen. Du wirst innere Welten finden, die dir deinen Weg zeigen können. Inspiration. Deinen Lebenszweck. Deinen inneren Stern.

Vertraue und glaube nicht den lautesten Menschen. Glaube an dich selbst.

Wir senden dir Frieden und Heilung. Grünes Licht der Heilung für dein Herz. Um dieses Vertrauen und den Glauben an dich selbst zu finden. Fühle das Licht der Heilung für dein Herz. Wir senden es jetzt. Grünes Licht für dein Herz. Fülle dein Herz damit.
Hab keine Angst vor diesen dunklen und schweren Zeiten. Vertraue dir und deinen Geistführern. Sie zeigen dir einen Weg durch diese dunklen Zeiten. Mit ihrem inneren Licht und ihrer Heilkraft.
Entferne dich von Leuten, denen du nicht vertrauen kannst. Geh in deine eigene Kraft, in dir selbst. Wir warten dort auf dich. Mit unserer Liebe, unserem Licht und Inspiration auf unserer Seite.
Wir senden dir weißes Licht vom Himmel, um die Seele zu heilen. Wir umgeben dich damit.
Und das goldene Licht vom Himmel. Wie ein goldener Stern. Schimmernd. Hülle dich in dieses Licht, um durch diese Zeiten zu gehen.
Pass auf dich auf.

Träume sind endlos, wenn du willst. Du kannst sie zu einem Ende träumen - zu einem glücklichen Ende, wenn du willst.

Du kannst dich in deinen Träumen verlieren oder sie Wirklichkeit werden lassen. Was wählst du?

Willst du ein Träumer bleiben? Oder möchtest du deine Träume erschaffen? Ein Happy End. Wir helfen dir dabei.

Geh in deine Träume. Sehe den Zweck, deine Wünsche und träume sie in die Realität.

Träume dein Leben glücklich, deine Gesundheit wird gut. Deine Partnerschaft schön. Die Familie ist glücklich. Alles, was du möchtest.

Aber die Menschen träumen ihr Leben auf eine schlechte Art. Die Umstände sind schlecht.

Erlaube deinen Träumen, Wirklichkeit zu werden. Wir helfen dir dabei. Du kannst sie zum Beispiel in einen Ballon legen. Du kannst sie in die Luft geben. Du kannst sie fliegen lassen. Du musst sie wahr werden lassen.

Lege deine Wünsche in diesen Ballon. Wie in der Zeit deiner Kindheit - lasse sie fliegen. Voller Hoffnung, Glück und Freude. Voller Aufregung, dass es passiert. Wo werden sie landen? Sie werden ihren Weg finden und landen. Lass es los und lass es wahr werden.

Wir sind die Vergessenen. Wir sind hier, um dich die alte Weisheit zu lehren. Die alten Lebensweisen, in Frieden mit der Natur und miteinander zu leben. Frieden zwischen den Menschen.

Ihr solltet wie die Bäume leben. Zusammen, aber alleine. Bäume vergleichen sich nicht. Sie lassen die anderen Bäume auf ihre Art wachsen.

Sie kommunizieren mit anderen. Aber sie verhalten sich nicht wie die Menschen, voller Eifersucht und Hass.

Wir sind die Vergessenen. Wir sind hier. Wir haben uns schon mal getroffen. Wir wollten uns in diesen Zeiten treffen. Um voneinander zu lernen. Um uns gegenseitig durch diese Stürme zu helfen. Wir haben es schon früher versucht. Aber es ist gescheitert. Jedes Mal schlug es fehl. Die Menschen haben versagt.

Durch diese Zeit und Natur, diesem Planeten und dann zu den Sternen.

Und dann kann niemand verstehen, was sie tun. Sie denken, sie brauchen einander nicht. Aber in dieser Welt hat alles seinen Platz. Es funktioniert nur zusammen. Ihr könnt keinen Wald mit zwei oder drei Bäumen haben. Es besteht eine Verbindung. Wie eine Familie, wie eine Nation, wie eine Welt. Sie verstehen nicht.

Schau in deinen Körper. Alles arbeitet zusammen wie eine Nation. Jeder, alles hat seinen Platz. Nichts ist besser als das andere. Das Herz, die Niere, die Lunge. Alles sollte in Harmonie arbeiten. Auch in eurer Welt. Die Menschen leben nicht in dieser Harmonie.

Wir senden dir Frieden und Harmonie und heilendes Licht. Grün. Türkis. Lass es in dein Herz und in deine Seele. Wir senden dir jetzt Heilung. Glaube an dich und an deine Gemeinschaft. Baue deine eigene Gemeinschaft auf.

Beginne mit einer Kleinen und lasse es wachsen. Ein Ort des Lichts in diesen dunklen Zeiten. Menschen, die sich gegenseitig helfen. Ohne Eifersucht und Hass. Mögen deine Träume Wirklichkeit werden.

Der Virus ist hier, um zu helfen, um die Menschen zusammenzubringen, nicht auseinander. Die Menschen gehen in dieser Zeit auseinander. So sollte es nicht sein. Der Virus wird nicht weggehen, bevor die Menschen dies gelernt haben. Sie müssen aufeinander aufpassen, nicht kämpfen. Der Virus ist hier, um Frieden zu bringen, nicht Hass.

Wir sind die Vergessenen. Pass auf dich und die Welt um dich herum auf. Finde eine Zeit für dich selbst und meditiere. Und finde den Frieden in dir selbst und bringe ihn zu anderen Menschen.

Du denkst, dass du das nicht kannst, dass du zu klein bist. Aber du kannst das tun. Beginne mit kleinen Dingen und lasse es höher wachsen. Größer.
Du weißt nicht, was du tun kannst und was fehlen würde, wenn du nicht hier wärst. Glaube an dich und deine Wünsche.
Wir haben uns schon einmal getroffen und hatten eine Verabredung, uns in diesen Zeiten hier zu treffen. Du wirst es bald verstehen.

Es ist eine Zeit, um nach innen zu gehen, und du wirst uns finden. Wir werden uns hier treffen. Glaube es und fürchte dich nicht.

Wir senden dir Heilung und Licht. Wir wünschen dir eine gute Zeit und werden uns wiedersehen.
Kümmere dich um diese Welt und um einander und deine Träume.
Bald kannst du Fragen stellen. Wir können miteinander über diese Zeiten sprechen.
Jetzt ist es Zeit zu gehen. Wir danken dir von Herzen und werden uns wieder treffen. Pass auf dich und diese Welt auf.

Finde deine Wurzeln

Trance Speaking vom 4. November 2020

Wir sind hier, die Vergessenen. Wir sind hier vom Licht in dir und außerhalb von dir. Wir sind in diesen dunklen Zeiten hier, um dir dieses Licht in dein Bewusstsein zu bringen, weit über deine Vorstellungskraft hinaus. Dieses Licht ist tief in dir. Es hat eine hohe Schwingung der Liebe, Vertrauen, Glauben. Glaube an die guten Dinge. Glaube an die Menschlichkeit. Glaube an deinen eigenen Seelenstern. Wir sind hier, um dich durch diesen Sturm zu führen, mit diesem Licht in dir. Wir werden dich tief in deinem Herzen mit diesem Licht berühren. Wir senden dir dieses Licht jetzt tief in dein Herz. Grünes Licht aus unserer Welt. Von unserer Seite des Lebens. Fühle es in deinem Herzen. Es wird dich durch diese Stürme führen. Wir schenken dir Frieden, Heilung und Vertrauen in dich selbst und in unsere Welt und in dein Herz. Fühle das grüne Licht, das wir dir jetzt senden.

Es ist das Grün der Ozeane und der Wälder. Natur in Harmonie, voller Leben, Frieden, Liebe und Energie.

Glaube an dich und deinen Weg. Vertraue nicht anderen Menschen, zu sehr in deren Meinung. Finde die Wahrheit in deinem Herzen, um durch diese Stürme und dunklen Zeiten zu gehen.

Wir sind die Vergessenen. Unsere Weisheit könnte die Menschen durch diese Zeiten führen. Wie der Seelenstern, der Nordstern, wie wir euch zuvor gesagt haben. Die Menschen vertrauen uns nicht mehr. Die Menschen denken, sie haben die Weisheit in sich. Aber sie schauen nicht in ihr Herz, in ihre Seele. Sie denken, sie finden es in ihrem Gehirn. Aber dort befindet sich nicht die Inspiration, es ist ihr Ego und das kann bei diesen Stürmen nicht helfen.

Gehe nach innen. Meditiere und finde die Weisheit in deinem Herzen, in deiner Seele und nicht in deinem Gehirn.

Deine Seele wird weiterleben, sie stirbt nicht. Sie kennt die alte Weisheit.

Nimm die Wunden deines Herzens. Heile sie mit unserem Licht. Damit du die Weisheit dahinter findest. Die vergessene Weisheit.

Wir senden dir jetzt heilendes Licht. Das gelbe Licht der Freude in deinen Solarplexus. Freudige Zeiten, wie die Sonne. Lebenskraft. Wir senden dir dies. Die warme Energie der Sonne. Die Menschen haben vergessen, in Freude und Frieden zu leben. Jeder will besser sein als der andere. Jeder will der Beste sein. Jeder will die höhere Weisheit haben. Jeder will der Beste sein.

Sie sind selbstbewusst, scheitern aber an dem, was sie denken und tun. Sie scheitern und bringen den Menschen keine Freiheit. Sie bringen Hass, keine Empathie. Die Welt zeigt, wie sich die Menschen verhalten. Es gibt keine Harmonie im Wetter, in der Natur, unter den Tieren. Teile der Natur verschwinden. Es gibt ein Aussterben in der Natur und in den Emotionen.

Sei wie der Wal im Ozean, voller Vertrauen, alter Weisheit und Geduld. Nicht wie der Fuchs im Wald, voller Eifersucht. Wir senden dir heilendes Licht und Vertrauen.

Die Menschen haben vergessen, woher sie kommen. Sie haben ihre Wurzeln vergessen. Sie schauen nicht nach ihren Wurzeln. Sie schauen auf die Sterne, aber sie verstehen die Sterne nicht. Sie denken, sie finden ihre Sternenfamilie außerhalb ihrer Welt, außerhalb von sich selbst. Das stimmt aber nicht. Du kannst uns in dir selbst finden. In deinen Wurzeln, auf dieser Erde. Sie denken, sie haben eine hohe Schwingung, aber dies ist eine tiefe Schwingung voller Hass und Eifersucht. Du kannst die Freiheit nicht außerhalb von dir und den Sternen finden. Die Sterne können dir helfen, deinen Weg, den du vergessen hast, in dir selbst zu finden.

Unsere Vorfahren sind hier, um dir in diesen Zeiten zu helfen. Du kannst sie in Mutter Erde, in der Natur und in dir selbst finden. Nicht in den Sternen.

Du hast Geistführer in den Sternen, aus deiner Sternenfamilie, aus der geistigen Welt, aber das ist nicht dasselbe.

Sie können dir helfen, aber du brauchst deine Wurzeln, deine Verbindung mit Mutter Erde. Wir sitzen nicht auf der Venus oder auf dem Mars. Dort sind Energien, nicht deine Geistführer. Sie sind in deinem Herzen, warten auf dich. Die Menschen haben die alten Lebensweisen vergessen, in Frieden und Harmonie mit dieser Erde zu leben. Sie kommen, um es in den Sternen zu finden.

Wir werden es tun und wir beginnen jetzt. Du hast Energie in deinem Körper, die durch deinen Körper zirkuliert, von deinen Füßen bis zum Kopf und darüber hinaus. Diese Energie kann klar sein oder dunkel, voller Wut oder Angst. Du musst diese Energie in dir und um dich herum klären. Wir können dir dabei helfen.

Wir können dir Energie und Kraft senden, um deine eigene Energie zu reinigen. Beginne in deinem Herzen. Fülle dein Herz mit dieser Energie. Licht, Frieden und Liebe. Wir senden dir grüne Lebensenergie aus der Natur. Fülle dein Herz mit dieser Energie und heile es damit. Und von dort, aus diesem Platz in deinem Herzen, kannst du es durch deinen Körper zirkulieren lassen. Wir senden dir jetzt grünes Licht. Es ist voller Vertrauen und Glauben in deine Wurzeln und dein Leben. Die Menschen haben das vergessen.

Fülle dein Herz mit diesem Licht und lasse es heilen. Es bringt Vertrauen, das grüne Licht.

Ich bin Fast Arrow und komme aus einer Zeit, die weit entfernt ist.

Dieser Virus bringt dir ein neues Verständnis des Lebens. Wie die Dinge zusammenarbeiten. Alles ist verbunden. Du kannst dein Leben nicht alleine leben. Die Menschen denken, sie können es. Sie sind egoistisch. Sie suchen nach ihrem Weg, für ihr Bestes.

Aber der Virus zeigt dir, dass du nicht alleine leben kannst. Alles ist verbunden. Du kannst es heilen, aber nicht alleine. Aber die Menschen verstehen es nicht. Sie wollen sich nicht ändern. Sie wollen nicht in die richtige Richtung wachsen.

Sie wollen nichts ändern, was sie nicht wollen. Aber der Virus wird sich wie die Menschen verändern. Es wird nicht durch Ignoranz verschwinden.

Wir sind hier, um dir in diesen Zeiten zu helfen. Sich in die richtige Richtung zu wenden, für eine bessere Welt. Du brauchst Vertrauen, Geduld und Glauben.

Wir senden dir heilendes Licht, um zu wachsen und deinen Seelenplan und deine Vision zu erfüllen. Wir wünschen dir hohe Visionen, wie die Sterne. Erfülle sie mit deiner Verbindung zu Mutter Erde und uns.

Du bist wie ein Vogel, der fliegen möchte. Du musst dich aus deinen Ängsten befreien, deine Flügel ausbreiten und fliegen. Vertraue dir selbst. Wir können dir dabei helfen.

Du kannst fliegen. Bleib nicht stecken. Fliege mit den Winden von Empathie und Liebe und der Weisheit in dir. Fliege.

Alles beginnt mit einem ersten Schritt, wie du weißt. Schaue dir diesen kleinen Vogel beim ersten Flug an. Es muss nicht perfekt sein. Aber du musst deine Vision beginnen, damit sie wahr wird. Glaube an deine Vision und fliege.

Du wirst stärker werden, du wirst mehr Vertrauen und Erfolg haben, aber du musst den ersten Flug von diesem Baum in die Welt machen. Vertraue dir selbst und fliege. Die schüchternsten sitzen in ihren Bäumen und fliegen nicht.

Es ist Zeit, in diese Welt zu gehen, um deine Weisheit zu teilen. Deine Liebe. Es gibt eine Vision zu teilen. Glaube an dich selbst. Fange an zu fliegen. Breite deine Flügel aus.

In diesen Tagen und in diesen Zeiten bist du nicht allein. Bitte um unsere Hilfe, wenn du Angst hast oder dich alleine fühlst.

Du bist nie allein, wir sind alle bei dir. Wir führen dich mit unserem Licht durch diese Zeiten. Frage danach, und wir werden da sein.

Danke, dass du mit deinem Licht hier bist. Wir haben uns schon mal getroffen. Wir wollten uns jetzt treffen. Glaube an unsere Verbindung, an unsere gemeinsame Vision. Um Frieden auf Erden und Heilung zu erschaffen.

Mit Heerscharen aus Licht sind wir hier. Bei dir. Vergiss das niemals in diesen Zeiten. Wir sind hier. Wir begleiten dich, um dir den Weg in diesen Zeiten zu zeigen.
Danke.

Breite deine Flügel aus

Trance Speaking vom 11. November 2020

Wir sind hier von der anderen Seite des Lebens. Wir sind hier, um dich durch die Stürme zu führen. Wir helfen dir, in dieser Zeit zu vertrauen, deinen Glauben und deine Liebe zu bewahren.

Wir sind die Vergessenen. Und wir möchten dir durch diese Zeit voller Stürme helfen. Es ist eine Zeit voller Eifersucht und Hass. Die Leute sind voller Wut. Wir helfen dir durch diese Zeit.

Nehme diese Zeit nicht für selbstverständlich. Nimm nichts für selbstverständlich in dieser Welt. Alles war zu selbstverständlich. Freiheit. Leben. Nichts ist mehr wie zuvor. Die Menschen vermissen ihre Freiheit, ihr altes Leben. Aber es ist weg. Es ist nicht möglich, zurückzugehen. Wir müssen vorwärtsgehen, in eine bessere Welt. Aber die Menschen schauen zurück. Sie wollen ihr altes Leben zurück. Aber sie müssen sich verändern wie die Erde. Mit Vertrauen und Empathie. Wir sind hier, um euch zu helfen, aber die Menschen sind taub für uns. Sie hören uns nicht mehr. Sie denken, sie wissen es besser als wir, die Indianer.

Wir senden dir Heilung in dein Herz. Energie des Vertrauens, der Hoffnung und des Lichts. Fühle es in deinem Herzen und verwende es in dieser Zeit.

Wir erstellen einen Energieball voller Licht und heilender Energie für dich. Mit dem Gefühl der Freiheit für die Seele. Du sitzt immer noch in deinem Baum wie ein Vogel, der nicht fliegen kann. Du denkst, du kannst nicht fliegen. Aber du kannst fliegen. Du musst vorwärtsgehen, einen Schritt in eine ungewisse Zukunft. Es gibt keinen Boden unter dir. Du musst fliegen. Schau nicht zurück. Fliege!
Mache das Beste aus dieser Zeit und das Beste aus dir. Sei der Vogel, der vertraut und fliegt. Wir helfen dir dabei. Wir sind deine Winde, die dir beim Fliegen helfen. Wir senden dir blaues Licht des Vertrauens, der Ruhe und des Mutes. Fliege mit diesen Winden des Wandels. Schau nicht zurück und schau nicht nach unten. Freue dich nur auf eine bessere Welt, die kommen wird. Schau nicht zurück!
Wir senden dir jetzt dieses blaue Licht. Energie und Vertrauen. Wir senden es in dein Herz und deine Seele.

Du kannst etwas fragen. Möchtest du etwas fragen?

Frage: *Kannst du uns deinen Namen sagen?*
Antwort: Fast Arrow.

Frage: *Woher kommst du?*

Antwort: Von weit hinter dieser Zeit. Weit entfernt von dieser Welt, von einer anderen Welt. Als alles in Frieden war. In den alten Zeiten lebten in Amerika die Menschen in Frieden mit der Natur. Wir sind Indianer. Und wir lieben Mutter Erde, wie du.

Frage: *Bist du alleine? Oder seid ihr viele?*

Antwort: Wir sind ein Clan. Wir sind mehr, als du denkst. Zehn von uns sind hier.

Frage: *Was können wir tun, um Mutter Erde zu heilen?*

Antwort: Geh in dein Herz. Lebe nach deinem Herzen. Vergleiche dich nicht mit anderen. Fülle Mutter Erde mit deiner Liebe, deinem Licht und deiner Leidenschaft. Wir sind wie ein Sonnenstrahl, der in die dunkelsten Orte dieser Erde scheint. Sende dein Licht an diese dunkelsten Orte wie die Sonne.

Frage: *Was können wir tun, um unsere Familie zu heilen?*

Antwort: Sei wie ein Sonnenstrahl. Scheine. Gebe ihnen Vertrauen, Glück, denke nicht zu viel. Nehme nicht alles für selbstverständlich und vergleiche nicht. Und nimm die Dinge nicht zu persönlich. Es geht nicht immer um dich. Du denkst, es geht um dich, aber es geht nicht nur um dich. Nimm es dir nicht zu Herzen, nicht zu persönlich.

Gehe einen Schritt zurück, um das Gesamtbild der Familie und des Lebens zu sehen. Es geht nicht um dich. Es geht um das Ganze.

Frage: *Kannst du mir etwas über meinen Lebensweg erzählen? Was kann ich tun, um meinen Weg zu gehen?*
Antwort: Vertraue auf dich selbst und sei der Vogel, der fliegt. Bleib nicht sitzen. Denk nicht zu viel nach. Du denkst zu viel. Du musst auf dich und deinen Weg vertrauen. Du kannst den Menschen viel geben, deine Weisheit, deine Liebe. Aber du musst es tun. Und denk nicht zu viel nach. Tu es!

Frage: *Was kann ich tun, um meine Beine zu heilen?*
Antwort: Denk nicht so viel nach. Geh deinen Weg. Deine Beine wollen in eine andere Richtung gehen. Du musst sie gehen lassen.
Du bremst dich selbst ab. Frage deine Beine, wohin sie gehen wollen. Hast du das gemacht? Du musst mit deinen Beinen sprechen. Frage sie, wohin sie gehen wollen und wann sie sich ausruhen wollen.

Fragender: *Danke, dass ihr zu uns kommt und uns helft.*
Antwort: Danke, dass ihr hier seid. Sei der Vogel, der fliegt, du brauchst deine Beine nicht dazu. Du kannst fliegen. Folge deiner Vision und fliege. Du bremst dich selbst ab.
Ihr könnt alle fliegen. Wir senden dir das heilende Licht zum Fliegen, damit du dir selbst vertraust. Sei dieses Licht.

Sieh die Fische im Meer. Sie sehen nicht das Ganze. Sie sehen nicht, was über ihnen ist. Sie denken, dass das Wasser und ihre Umwelt alles sind, was existiert. Sei nicht wie diese Fische. Sieh die Welt über dir und was sonst noch existiert. Du bist auf deinem Weg. Du suchst nach anderen Universen, nach Weisheit. Gehe vorwärts und lerne, was dahinter steckt. Vertraue dir selbst.

Du lebst wie ein Fisch, der schwimmt und keine Beine braucht. Aber es ist Zeit, deine Beine zu benutzen, um in die richtige Richtung zu gehen. Und dann werden sie heilen.

Frage deine Beine und deine Seele, wohin sie gehen möchten. Was möchtest du tun? Und dies wird heilen.

Was möchtest du tun? Meditiere darüber. Frage, wohin du in dieser Welt mit deinen Füßen gehen möchtest. Und geh dorthin. Und finde dort den Frieden und die Weisheit. Nicht in den Wäldern und nicht im Meer. Schau wo sie ist, diese Weisheit.

Und verstecke dich nicht in den Sternen. Dort brauchst du deine Beine auch nicht. Du musst auf dieser Erde wandeln. Träume dich nicht von dieser Erde weg.

Frage: *Kann ich hoffen, dass meine Beine so gut werden, dass ich in den Wald gehen und laufen und laufen und laufen kann? Für ein oder zwei Stunden?*
Antwort: Du kannst in den Wald gehen. Aber warum in den Wald? Frage deine Beine, wohin sie gehen wollen.

Frage: *Ich liebe die Bäume. Was können wir für die Bäume tun? Sie sind krank.*

Antwort: Träume es in einer besseren Welt. Sie müssen gehen. Du bist nicht dafür verantwortlich. Du musst die Dinge loslassen. Man muss Dinge geschehen lassen. Es liegt nicht an dir. Du hast alles getan, was du kannst, aber manche Dinge passieren.

Warum gehst du in den Wald? Frage dich, wohin du gehen solltest.

Verstecke dich nicht im Wald. Gehe in die Welt, um deine Weisheit zu teilen, und nicht in den Wald. Denk darüber nach. Wir sind hier, um dir dabei zu helfen, aber es liegt nicht an uns, es zu ändern. Du kannst nicht alles ändern, auch wenn es weh tut.

Wir lieben Mutter Erde und den Wald, aber die Menschen haben keinen Respekt vor der Natur. Sie müssen unsere Mutter Erde respektieren, dann wird sie sich verändern und heilen. Aber die Leute sehen es nicht. Sie schauen nur auf ihr eigenes Leben. Was sie in ihrem Leben verlieren. Nicht das, was Mutter Erde verliert. Sie sind blind dafür.

Wir sind die Vergessenen, und sie haben uns wie Mutter Erde vergessen.

Sei nicht wie ein Vogel, der im Baum sitzen bleibt, im Wald und der denkt, dass er sicher ist. Nichts ist sicher. Was wirst du tun, wenn der Wald weg ist? Wenn der Baum weg ist? Wo wirst du sitzen?

Du musst neue Visionen finden. Du musst fliegen. Fliege dorthin, wo deine Beine sein wollen, und dann kannst du dort landen.

Steh dort. Du kannst eine schamanische Reise dorthin machen. Du kannst dich in diesen Wäldern sehen. Fliege wie ein Vogel und schaue dann, wo du landest. Du musst diesen Ort für dich selbst finden. Und du wirst dich wundern, wo dies sein wird, wo dieser Ort ist. Und alles kann heilen. Aber bleib nicht auf diesem Baum. Der Baum wird weg sein. Und dann? Du fliegst besser. Auch wenn du das nicht hören willst. Das ist wahr, die Wahrheit. Fliege. Finde einen Platz für deine Beine und Füße und sende deine Wurzeln zu Mutter Erde und hilf dieser Welt zu heilen.

Du kannst nicht Nichts tun auf dieser Welt. Alles ist in Not auf dieser Welt. Wenn du stecken bleibst und Angst hast, hilft dies niemandem auf dieser Welt. Es liegt an dir, vorwärtszugehen. Bleib nicht stecken.

Fühle den Wind der Veränderung. Breite deine Flügel aus und fliege. Bleib nicht stecken. Gehe vorwärts. Fliege.

Wir schicken dir jetzt Heilung zum Fliegen. Inspiration, Mut, Vertrauen. Fühle es in deinen Armen und Beinen.

Wir schicken dir Heilung in deine Beine. In deine Arme und in dein Herz. Fühle diese Kraft zur Veränderung. Wir werden dir dabei helfen, aber du musst fliegen.

Wohin willst du in dieser Zeit gehen?

Fühle die Kraft, die Energie und das Licht, weißes Licht. Fühle es. Starkes Licht, um zu helfen, euch alle zu heilen. Vertraue auf dieses Licht und fühle dieses Licht.

Manchmal gibt es nichts zu tun, als im Licht zu stehen und dein Licht scheinen zu lassen.

Du willst immer etwas tun. Manchmal musst du nur dastehen und dein Licht senden.

Du musst dafür nicht in den Wald gehen. Sende es und stehe im Licht.

Manchmal ist es genug. Und du brauchst dieses Licht in diesen Zeiten, dass die Menschen dafür einstehen.

Verfalle nicht in Dunkelheit und Hass. So viele Menschen entfremden sich. Sie sind voller Hass und Dunkelheit. Sie denken, sie kämpfen für das Licht. Aber das ist nicht wahr. Es gibt dadurch kein Licht. Sie verbreiten Dunkelheit und Hass, kein Licht!

Steh für das Licht. Dafür brauchen wir dich. Sende dieses Licht in die Ozeane und in die Natur, um die Erde und glaube daran. Lasse es wachsen, reinigen und verwandeln. Schau dir das neue Leben an.

Fragender: *Wir danken euch für eure Heilung und für euer Licht.*

Antwort: Wir danken euch für euer Licht. Euch allen. Danke, dass ihr hier seid und mit uns gesprochen habt.

Mache dein Herz leicht wie eine Feder. Lasse es fliegen. Wohin sollte es gehen?

Manchmal gibt es nichts zu tun. Vertraue einfach und fliege mit deiner Vision.

Gib all deine Ängste, Dunkelheit, Schmerz und Trauer auf. Mache dein Herz frei und leicht. Und du kannst wie diese Feder im Wind fliegen. Wie eine Botschaft Gottes. Von den Engeln.

Es ist Zeit zu heilen. Deine Vision kann helfen.

Vergesse nicht den Vogel im Baum. Vergesse nicht zu fliegen. Vergesse nicht deine Vision und dein Potenzial.

Denke dich nicht klein und schwach. Denke dich stark und voller Kraft. Selbstbewusst. Und dann geh und flieg. Und sei die beste Vision von dir selbst, die beste Version von dir. Du kannst das. Aber du musst anfangen und fliegen.

Schau nicht auf die dunklen Wolken über dir, unter dir. Schaue in die Zukunft, ins Licht. Fliege. Und verwandel diese Welt in einen besseren Ort. Glaube daran. Du kannst uns dabei helfen und wir danken dir dafür.

Wir sind die Vergessenen und wir hoffen, dass dieser Ort, diese Erde wieder heilig wird. Aber die Menschen müssen sich ändern.

Die Botschaft des Virus

Trance Speaking vom 18. November 2020

Wir sind die Vergessenen. Wir sind hier mit der Energie der Liebe, Freiheit, Empathie. Wir sind hier, um dich durch die Stürme zu führen, ohne Hass - nur mit Liebe. Wir hoffen, du wirst versuchen zu fliegen, deine Flügel ausbreiten und mit dem Wind der Veränderung fliegen. Ohne Krieg und Hass.

Wir sind hier von der anderen Seite des Lebens, aus den alten Zeiten. Meister des Friedens. Wir sind hier, um euch zu helfen, diesen Frieden, diese Weisheit und Liebe zu finden.

Sende deine Träume an die höchsten Orte, die du dir vorstellen kannst. Zur höchsten Weisheit, den höchsten Energien. Diese Zeit wird die Menschen verändern, nicht alle zum Besseren, auch wenn sie es glauben. Sie wollen diese Erde und Gesellschaft verändern. So wie sie denken, dass es sein sollte. Es ist in ihrem Kopf, nicht in ihrem Herzen. Sie kritisieren alles, was alt ist. Sie wollen eine neue Erdenergie erzeugen, aber sie scheitern. Sie haben die alten guten Energien vergessen.

Sie ignorieren Mutter Erde. Sie suchen nur nach ihrem Besten, welche Art von Gesellschaft sie haben wollen. Nicht nach dem Besten für diese Erde und alle Wesen. Nicht nur für die Menschen. Sie denken, dass sie so erleuchtet sind. Aber sie wandeln in dunklen Wolken, dunklen Gedanken und dunklem Verhalten.

Sie denken, das ist Licht, aber das ist es nicht. Sie denken, sie sind die „Auserwählten". Sie denken, sie sind besser als andere, aber das ist nicht richtig. Sie haben keinen Respekt vor der Erde, vor allen Wesen, vor der Bruderschaft des Menschen. Sie denken, sie können Gott spielen, aber das wird scheitern. Sie verpassen den Kipppunkt, den Wendepunkt.

Wir sind hier, um dir durch die kommenden Zeiten zu helfen. Harte Zeiten. Aber du kannst es aushalten, du kannst es schaffen. Glaube an dich, deine Kraft und deine Liebe. Sei der Friede in dieser Welt.

Das Leben ist wie ein Wald. Die Leute denken, die Stärksten werden überleben. Das stimmt aber nicht. Der Wald überlebt zusammen. Alles ist verbunden. Die Bäume, die Tiere.

Nichts ist besser als das andere. Alles wird gebraucht. Gebe dir selbst diesen Frieden und dieses Vertrauen und betrachte dich als einen Teil der Ganzheit des Lebens. Nichts ist besser als das andere.

Wir senden dir heilendes Licht, um auf dich selbst und das Ganze zu vertrauen. Die Leute vertrauen einander nicht. Sie suchen nach den schlimmsten Dingen.

Fühle das Licht der Liebe und Heilung, das wir dir jetzt senden.

Die Leute haben keinen Respekt. Sie denken, sie sind etwas Besseres und die „Auserwählten", und wir sind die Vergessenen. In unserem Land lebten die Menschen in Frieden zusammen. Jeder war dem anderen dankbar. Ein Clan, der eins sein soll. Jeder lebte seine Visionen für höhere Dinge. Wir sind hier, um dir dabei zu helfen.

Wir waren dankbar für alles, was Mutter Erde uns gegeben hat. Wir waren dankbar für die Natur, für das Essen, für die Elemente, die Luft, die wir atmeten. Für das Wasser, dass wir getrunken haben. Für die Erde, den Wind. Alles war in Harmonie. Und wir lebten mit dieser Harmonie, mit diesen Elementen und in Frieden mit der Natur, mit den Tieren, mit dieser Erde. Diese Zeiten sind vorbei. Die Leute suchen für sich. Sie leben für ihr Ego. Sie haben vergessen, dankbar zu sein. Sie geben der Erde nichts zurück. Sie wollen nur immer mehr haben. Aber es gibt nicht genug für ihre Wünsche. Die Erde braucht Heilung.

Die Menschen müssen ihr altes Leben, ihre alte Lebensweise aufgeben. Aber sie sind wütend, dass der Virus diese Lebensweise gestoppt hat. Sie wollen ihr altes Leben zurückhaben. Das wird aber nicht passieren.

Sie sind wütend und voller Hass. Aber diese Wut hindert sie daran zu verstehen, was der Covid-19-Virus der Welt zu sagen hat und was Mutter Erde ihnen erzählt. Sie müssen lernen und sie werden lernen, aber das wird einige Zeit dauern.

Wir sind hier, um euch zu unterrichten und euch dabei zu helfen.

Fühle den Frieden in deinem Herzen, wenn du in der Natur, am Meer und im Wald bist.

Denke darüber nach, was dir Frieden gibt. Was ist dort? Denk darüber nach.

Es ist nicht die materielle Welt, nach der du dich sehnst. Diese ist tot. Die Natur ist lebendig, voller Energie und Kraft - das kräftigt und erhebt dich. Diese Energie und dieses Leben.

Aber du tötest diese Energie und das Leben und die ganze Welt. So wirst du keinen Frieden und keine Ruhe finden. Aber die Menschen verstehen nicht.

Wir senden dir grüne Kraft der Natur und Energie, fühle es in deinem Herzen. Wir heilen dich jetzt mit dieser Kraft.

Fühle es jetzt. Wir füllen deinen ganzen Körper mit dieser Energie des Lebens und der Kraft von Mutter Erde. Ich danke dir, dass du hier bist, für dein Herz. Fühle diese heilende Kraft von Mutter Erde.

Der Virus ist da, um Menschen zu unterrichten, aber sie sind blind.

Es geht darum, zusammen zu halten und füreinander einzustehen. Mache eine Pause für Mutter Erde.

Nach dieser Dunkelheit wird es eine bessere Zeit geben. Es wird Licht und Freude kommen. Das braucht aber Zeit. Die Menschen müssen sich an ihren Lebenszweck erinnern. Warum bist du hier? Um Spaß zu haben? Geld? Oder um die Liebe in allem zu finden, was lebt. Deine Leidenschaft, Empathie für alles. Um deinen Frieden in dieser Welt zu finden.

Was ist deine Leidenschaft? Deine Vision? Dein Traum? Meditiere darüber.

Was kannst du dieser Welt geben, was sonst niemand tun kann? Was ist dein Platz in dieser Welt? Du wirst ihn finden. Fliege zu diesem Ort.

Du kannst mich etwas fragen. Hast du Fragen? Du kannst auf Deutsch fragen.

Frage: *Woher kommt der Sturm, der sich uns entgegenstellt?*

Antwort: Dies sind die Emotionen aller Menschen. Sie sind der Sturm. Sie greifen sich selbst an.

Sie sehen nicht, was sie tun, was sie erschaffen. Wie ein Dämon, der nicht existiert.

Sie verändern alles. Sie verändern das Klima.

Sie verändern die Energie der Erde und die Energie zwischen den Menschen.

Sie haben den Frieden in sich und in dieser Welt zerstört. Die Natur, die Stürme, spiegeln sie wieder. Sie müssen sich selbst heilen. Ihre Wunden, ihre Gefühle. Aber sie agieren wie Hurrikane, die alles zerstören, was ihnen im Weg steht. Es gibt keine Empathie!

Frage: *Woher kommt der Coronavirus?*
Antwort: Willst du es wirklich wissen? Besser nicht! Es ist nicht relevant, woher er kommt. Es ist wichtig, warum er gekommen ist! Es ist besser, darüber nachzudenken. Es ist wie mit den Dämonen, die die Menschheit sich erschafft. Sie haben ihren Virus kreiert. Es ist das Leben, das außer Kontrolle gerät. Er spielt mit der Menschheit, mit den Menschen. Ein Spiel.
Ob er aus einem Labor oder der Natur stammt, ist nicht wichtig zu wissen. Es ist besser, das nicht zu wissen. Fokussiere dich nicht darauf. Der Virus ist hier, was will er dich lehren? Warum ist er hier?

Die Menschen denken, sie entwickeln sich. Sie denken, dass sie immer besser werden. Ihre Technologie wird wie der Virus immer besser. Der Virus entwickelt sich wie die Menschen. Alles ist in einem Entwicklungsstadium. Aber nicht alles zum Besten.
Die ganze Evolution entwickelt sich. Er ist wie ein Spiegel - der Virus. Und jetzt ist es außer Kontrolle geraten. Die Entwicklung des Virus und der Menschheit. Es ist schwer, dies zu stoppen. Alles möchte besser sein.

Die Leute spielen Gott. Manchmal gibt es einen Punkt ohne Wiederkehr. Das müsst ihr ändern. Euer Verhalten. Auf dieser Erde, in der Natur, auf dem Planeten. Der Virus ist ein Spiegel eurer Gesellschaft. Die Entwicklung der Menschheit. Das ist alles.

Vielleicht kommt er aus einem Labor oder aus der Natur. Es ist nicht wichtig, wo diese Entwicklung beginnt, aber sie ist fast außer Kontrolle geraten.

Wir sind die Vergessenen. Die Leute sagen, wir sind Primitive, weil wir uns nicht wie sie entwickeln. Aber was ist der richtige Weg? Was ist gesund? Und was ist „vom Himmel" gemacht? Und was ist von Menschen gemacht? Denk darüber nach! Darüber muss man lange nachdenken. Und dann werdet ihr den Virus verstehen. Denk darüber nach. Das ist alles, was ich sagen kann. Und alles, was ich sagen möchte.

Wir senden dir blaues Licht der Ruhe in deine Seele. Um Freiheit zu finden, eine Pause zu machen und in dir zu heilen.

Fühle dieses blaue Licht in deinem Körper und in deiner Seele.

Fühle das blaue Licht. Fühle es in deinem Magen. Im Solarplexus. In deinem Herzen. Fühle die Ruhe und den Frieden. Es wird hier auf dieser Welt gebraucht. All dies fehlt in dieser Pandemie. Es geht alles darum.

Frage: *Sollen sich die Menschen gegen diesen Virus, gegen Covid-19 impfen lassen? Tut es dem Menschen gut?*
Antwort: Dies ist nicht der Weg, um mit diesem Virus umzugehen. Es liegt jedoch nicht an uns, euch diese Frage zu beantworten.

Das ist nicht der Weg. Der Virus will es euch beibringen. Er entwickelt sich noch. Ihr denkt, ihr könnt auf diese Weise gewinnen, aber es wird dann ein weiterer Virus kommen. Und dieser wird mutieren.

Was ihr erreichen könnt, ist ihn für einen Moment anzuhalten. Wir sagen nicht, dass es falsch ist (die Impfung). Aber es ist nicht die Lösung des Problems. Die Viren werden sich entwickeln, und der Virus wird sich entwickeln, und der Nächste wird kommen. Es ist ein Heilmittel für den Moment. Es kann helfen und Leben schützen. Es ist in Ordnung. Aber es ist nicht die Lösung. Ihr werdet nicht gewinnen. Es wird weitergehen. Und es wird immer schlimmer werden. Das ganze Leben auf der Erde. Die Menschen müssen innehalten!

Frage etwas über dich. Du willst die ganze Welt retten. Du möchtest es, kannst es aber nicht. Es liegt nicht an dir.

Die Menschen müssen lernen. Aber sie sind blind und wollen unsere Worte nicht hören. Sie denken, sie wissen es besser als wir. Wir sind nicht entwickelt. Wir sind die Vergessenen.

Sehe den Stein im Meer. Seine Ruhe. Er ruht in sich. Auch im Sturm, in der rauen See, steht er noch da, dieser Felsen. Du kannst dort wie ein Stein stehen.
Du sollst dort stehen. Lass die Wellen kommen und gehen. Du wirst stärker sein als das Meer. Der Felsen ist stärker als das Meer. Du bist nicht die raue See. Du musst es kommen und gehen lassen. Stell dich an deinen Platz und glaube an dich.
Glaube an deine Stärke. Deine Kraft. Deine Weisheit. Deine Liebe.
Bleibe wo du bist. Aber verstecke dich nicht in den Wäldern. Frage dich, wo dieser Stein stehen will. Du musst nur fragen und dann deinen Platz finden, an dem du in diesen schwierigen Zeiten bleiben möchtest. Du kannst nicht aus den Wellen fliehen, aber du kannst deinen Platz finden, um stärker zu werden. Du wirst weiter diese Stürme überstehen. Du wirst es. Und wir werden dir dabei von der anderen Seite des Lebens, helfen.

Wie der Büffel. Er steht oder geht in den Sturm und wird stärker. Hab keine Angst. Verstecke dich nicht. Du bist auf deinem Weg. Stehe da und glaube an dich selbst und deine Kraft und deine Geistführer. Wir führen dich durch diese Stürme. Es ist nicht der erste Sturm für dich. Glaube an dich und deine Kraft, die jeden Sturm überwinden kann. Vertraue dir selbst.
Hab keine Angst vor diesen Stürmen. Du wirst dadurch lernen. Du hast deine Stürme gehabt und du wirst weitere

Stürme haben. Und wir werden uns irgendwann auf der anderen Seite treffen, um zu feiern, was du in diesem Sturm geleistet hast. Aber wir brauchen dich dafür jetzt auf deiner Seite des Lebens.

Fühle die Heilkraft. Wir senden dir das Vertrauen, die Kraft und das Selbstvertrauen, die du in dieser Zeit brauchst.

Wir senden dir jetzt heilende Energie. Du kannst sie fühlen. Wir heilen deine Ängste, deine Sorgen und deinen Kummer. Vertraue auf dich selbst und sei frei.

Bericht einer Teilnehmerin über
die letzten Zirkel

"Ich sitze bereits seit 5 Jahren mit Diana in ihrem Development Zirkel. Ich konnte die Energie Steigerung in diesem Zirkel gut spüren. Es wurde von Jahr zu Jahr intensiver. Obwohl wir auch in diesem Zirkel für das Medium sitzen, spürte auch ich eine stetige Entwicklung meiner Sinne. Ich wurde nach und nach ruhiger, konnte immer mehr Dinge wahrnehmen und spüren und erlebte einen stets wachsenden Frieden in mir, aber auch im Außen und um mich herum.

Nun war ich voller Erwartung, was in dem medialen Zirkel passieren würde. Dort sollten wir nichts tun, außer uns auf das Medium konzentrieren, ihm Energie und Stärke schicken, um Diana bei ihrer spirituellen Entwicklung zu unterstützen.

Bereits bei der ersten Sitzung spürte ich einen Unterschied zu dem Development Zirkel. Die Energie war anders, sie war konzentrierter und der Raum war erfüllt. Von was wusste ich nicht. Doch konnte ich die Veränderung spüren. Wir waren auf Diana konzentriert und schon bald sah ich, dass sich ihre Aura verstärkte. Sie leuchtete heller und lief wie ein Wasserfall an ihren Haaren und ihren Armen entlang. Als Diana anfing zu sprechen, verstärkte sich die

Aura nochmal und leuchtete heller. Es war eine sehr friedvolle Atmosphäre in dem Raum. Als Diana anfing zu sprechen, veränderte sich ihr Gesicht und es erschienen nacheinander andere Gesichter, die schnell wechselten und auch wiederkamen. Dieses verstärkte sich von Sitzung zu Sitzung. Die Gesichter wechselten. Es kamen andere Neue dazu und bereits gesehene tauchten auch wieder auf. Von Mal zu Mal wurde ihre Aura stärker und leuchtender. Es floss ein helles Licht an ihrem äußeren Körper entlang, aber auch um ihr Gesicht und von ihrem Halschakra hinunter. Die Arme leuchteten teilweise richtig auf. Dieses Licht kam und ging. Die Farben der Aura verstärkten sich auch. War sie bei den ersten Sitzungen weiß, so änderten sich die Farben über Grün, Magenta bis hin zu einem starken Magenta, das sich mit violetten Tönen mischte. Dies war besonders stark am 18.11.2020 zu sehen. Ich schreibe dies am 25.11.2020 und bin schon gespannt, wie es weiter geht.

Was ich hier jetzt schreibe, sind alles Erfahrungen bis zum 18.11.2020. Was sehr bemerkenswert ist, dass sich ein Nebel um Diana bildet, sobald sie anfängt zu sprechen. Ihre Erscheinung tritt förmlich in den Hintergrund. Sie ist wie von einem farbigen Schleier umhüllt, der immer stärker und undurchsichtiger wird. Ich konnte sehen, wenn der Kontakt zu ihren Geistführern stärker war, dann war auch dieser Nebel stärker.

Ihre Sprache änderte sich. Manchmal waren die Worte leise und zart und dann wieder bestimmend und kraftvoll.

Je nachdem welcher Geistführer gerade das Sagen hatte. Die Gesichter wechselten und von Mal zu Mal kann ich sehen, dass es Gesichter sind, die vom ersten Mal an dabei waren. Aber auch Neue konnte ich erkennen. Ein Gesicht war jedes Mal sehr präsent. Es ist ein männliches Gesicht, das nur wenige oder keine Haare hat. Rundlich bis länglich ist das Gesicht und trägt eine runde, randlose Brille. Es erinnert mich an das Gesicht von Edgar Cayce. Ein anderes Gesicht erinnerte an einen Indianer, mit dunkler Haut. Ein weiteres Gesicht sah aus wie ein Chinese und hatte einen kleinen spitzen Kinnbart. Eine Frau war auch dabei. Sie wirkte bescheiden und weise, eine ältere Frau. Ganz beeindruckend war ein weiteres Gesicht, das auch jedes Mal erschien. Es hatte einen hohen Haaransatz. Die Haare waren lockig. Das Gesicht oben schmäler und unten breiter und das Kinn ebenfalls von einem lockigen Bart umrahmt. Er sah aus wie ein antiker Gelehrter, wie ein Philosoph. Diana zeigte mir später ein Bild von Jackson David und ich war fast erschrocken, denn er erinnerte mich stark an diesen „Professor" den ich glaubte zu sehen.

Auch wurden die Zeiten, in denen Diana sprach immer länger, waren es anfangs nur zweimal eine viertel Stunde, so war es am 18.11.2020 bereits fast eine ganze Stunde. Die Aura wechselte, wurde mal heller und stärker. Aber fast durchgehend war dieser Schleier zu erkennen. Wir durften auch Fragen stellen.

Ich war überrascht, über die Antworten, die auch auf persönliche Fragen konkrete Hinweise gaben. Ehrliche Antworten, die auch nichts verschönten und genau zutrafen.

Nun möchte ich noch berichten, wie es mir persönlich bei diesen Sitzungen geht. Ich spüre jedes Mal sehr stark die Energien. Bereits im Vorfeld, das heißt, bereits Stunden vorher spüre ich, wie sich oftmals die gesundheitlichen Probleme, die ich habe, verstärken. Zweimal war es so stark, dass ich dachte, ich könnte an dem Zirkel nicht teilnehmen. Während des Zirkels kommt diese Symptom-Verstärkung auch manchmal vor. Einmal spürte ich, dass mich Hände berührten, und an meiner Wirbelsäule entlang strichen. Auch hatte ich schon das Gefühl, meine Halswirbel würden eingerenkt. Diese Verschlimmerungen lassen nach dem Zirkel nach, manchmal dauert es auch bis zu 24 Stunden. Danach spüre ich jedes Mal eine Erleichterung meiner Probleme. Grundsätzlich habe ich das Gefühl, es geht mit meiner Gesundheit voran.
U. D.

Der Kreis des Lebens

Trance Speaking vom 25. November 2020

Wir sind die Vergessenen. Wir sind hier von der anderen Seite des Lebens. Wir danken euch, dass ihr hier seid. Euch mit unserer Welt verbindet und an unsere Welt und an uns glaubt.

Wir sind hier mit einer Nachricht für euch. Für eure Zeit und euren Planeten. Für eure Seelen.

Wir sind hier und wir danken euch, dass ihr hier bei uns seid.

Glaube an dich, in deinen Weg.

Sei wie ein Adler im Wind. Fliege mit den höchsten Winden, es ist möglich. Bleibe nicht auf dem Boden, um das größere Bild zu sehen. Um mehr von dieser Welt zu sehen, als vom Boden aus.

Wir sind hier und glauben an unsere Vision. An unseren Clan. An unsere Verbindung zu Mutter Erde.

Fühle die Energie von Mutter Erde unter deinen Füßen. Fühle die Kraft dieser Erde. Verbinde dich mit dieser Kraft und glaube an dich.

Wir sind hier, um dich mit dieser Kraft zu verbinden, um durch die Stürme des Lebens zu gehen. Durch das Chaos und die Ängste.

Die Leute haben die richtige Richtung verfehlt. Sie haben den richtigen Weg, die richtige Abzweigung verpasst.

Sie haben die Wahrheit nicht gesehen. Sie interessierten sich nur für sich selbst, nicht für diese Erde. Nicht für diesen Planeten, für das Ganze oder die Gesellschaft.

Wir sind hier, um dich daran zu erinnern. Das Gesamtbild deiner Welt zu sehen.

Fliege wie der Adler mit uns. Bleibe nicht auf deinem Baum.

Wir senden dir heilende Kraft in dein Herz, Energie des Lebens von Mutter Erde. Fühle es in deinem Herzen, deinen Füßen und deinem Körper. Wir senden dir jetzt diese Heilkraft. Fühle die Heilkraft. Jetzt!

Wir haben dir Vertrauen geschickt. Selbstvertrauen und Liebe.

Sehe dich wie ein Baum im Wind. Nur die Stärksten können ihn aufgrund ihrer Wurzeln aushalten. Du brauchst tiefe Wurzeln in Mutter Erde. Ihre Kraft, ihr Vertrauen, ihre Lebensenergie.

Die Menschen vergessen, in Frieden mit Mutter Erde zu leben. Sie leben nicht in ihrer Lebenskraft. Sie zerstören sie.

Sie zerstören diesen Planeten mit ihren Gedanken und ihrer Gier.

Wir senden dir die Kraft von Mutter Erde.

Fühle sie in deinem Herzen. Die Stärke, die Kraft und die Liebe.

Sei wie der Puma, der schnell rennen kann und nicht die richtige Sicht verliert. Du hast das Gesamtbild des Lebens vergessen.

Die Menschen interessieren sich nicht dafür. Sie suchen nur das Beste für sich selbst, nicht für das Ganze, für diese Erde, die Tiere. Für das Leben auf diesem Planeten und für andere Menschen.

Sei wie der Schmetterling, der durch dunkle Zeiten geht, um zu wachsen und sich zu verwandeln. Das Beste aus sich zu machen. Die Menschen durchlaufen jetzt diese Transformation. Sie denken, es ist dunkel und sie mögen es nicht. Sie wollen nicht in diesem Prozess sein. Sie wollen der Schmetterling sein, aber sie müssen vorher in die Stille der Dunkelheit gehen, um sich weiter entwickeln zu können.

Die Zeiten sind da, um das Beste aus dir zu machen.

Aber die Menschheit hat die freie Wahl. Viele Menschen wählen nicht die gute Lebensweise.

Ihr könnt Fragen stellen, wenn ihr möchtet.

Frage: *Könnt ihr uns etwas sagen, wie wir unser Energieproblem auf der Erde lösen können? Welche Energieformen wir benutzen oder entdecken sollten?*

Antwort: Die Menschheit ist blind für diese anderen Energien. Sie wollen sie nicht. Sie versuchen sie nicht. Sie sind blind. Sie denken, sie müssen Energie zerstören, um Energie zu erhalten. Sie verstehen das Wort Energie nicht. Sie denken, sie müssen diese „Erd-Dinge" zerstören, um Energie zu benutzen, aber das ist falsch. Sie müssen einen Weg finden, um es besser zu machen. Die Leute sind blind. Wir versuchen sie zu inspirieren. Wir helfen und zeigen neue Wege, um diese Erde zu schützen. Aber sie sind blind. Sie finden nur neue Wege für alte Energien und zerstören dabei Mutter Erde.

Es geht nicht darum, neue Energien zu finden. Es geht darum, mit der Energie, die ihr gefunden habt, in Balance zu leben. Nicht so viel davon zu zerstören. Nicht so viel Energie zu verbrauchen. Für dieses Leben.

Der Virus möchte, dass ihr stehen bleibt. Einen Schritt zurückgeht. Gönnt euch selbst und Mutter Erde eine Pause. Verbraucht nicht so viel Energie in eurem Leben.

Es geht nicht um neue Wege. Es geht um eine neue Art, in Harmonie mit dieser Welt zu leben.

Die Menschen halten alles für selbstverständlich und wollen immer mehr. Aber es gibt nicht genug für ihre Wünsche und Pläne.

Es ist dasselbe mit den anderen Arten von Energie. Sie werden diese Erde zerstören, vielleicht mehr, als du es glauben kannst. Mehr als du es dir vorstellen kannst. Vielleicht ist es ein Segen, dass sie nicht mehr Energien haben, um diese Welt zu zerstören. Denke darüber nach.
Die Dinge sind nicht so einfach zu lösen, wie du denkst.
Das Herz ist das Problem. Die Lebensweise der Menschen.
Die Menschheit muss sich ändern.
Die Leute wollen keine Dinge aufgeben. Sie wollen immer mehr und ihr bisheriges Leben zurück. Sie haben noch nicht daraus gelernt. Es wird also die nächste Lektion kommen, die zu lernen ist.

Frage: *Welchen Antrieb sollten unsere Autos haben? Mit was sollten wir sie antreiben? Mit welcher Energieform?*
Antwort: Es liegt nicht an mir, dies zu beantworten. Die Antwort liegt in der Antwort auf deine letzte Frage. Es ist Zeit, dieser Erde eine Pause zu gönnen. Selbst wenn ihr neue Energien habt, werden die Autos diese Erde zerstören. Es gibt zu viele von ihnen. Denkt an die Elemente, die ihr benötigt, um die Autos zu produzieren. Die Straßen, für die die Wälder verschwinden müssen.
Es ist nicht nur die Energie, die ihr für eure Autos benötigt. Die Autos sind das Problem. Ihre gesamte Branche ist ein Problem. Die Menschheit zerstört unsere Erde.
Wir lebten in Frieden und Harmonie mit dieser Erde. Wir haben nur das genommen, was wir zum Leben brauchten. Aber diese Zeiten sind vorbei.

Ich weiß nicht, ob die Menschheit andere Energien finden wird. Welche? Das Problem ist nicht gelöst.

Frage: *Von wo sprecht ihr zu uns? Seid ihr in einer bestimmten Dimension? Oder seid ihr dicht um uns in unserer Nähe? Wo befindet ihr euch?*
Antwort: Wir befinden uns in einer anderen Dimension. Aber nur einen Schritt von deiner Welt entfernt.
Wir leben in einer höheren Schwingung als deine. Hier ist mehr Licht, Weisheit, Wissen.
Wir sehen deine Welt wie der Adler, aus einer höheren Position. Und das verursacht uns Schmerzen.
Wenn wir sehen, wie die Menschheit lebt, fühlt, wie sie miteinander, mit den Tiere und diesem Leben auf der Erde umgeht. Viele Menschen leben in einer dunklen Wolke. In einer dunklen Welt voller dunkler Emotionen, Gedanken und Verhaltensweisen.
Wir sind auf der anderen Seite dieses Lebens. In der Welt der Geistwesen, aber wir können von hier aus nichts tun. Das ist schmerzhaft.
Aber wir versuchen es, versuchen, euch zu inspirieren. Wir hoffen, dass ihr wieder dazu beitragen könnt, diese Welt zu einem besseren Ort zu machen. Dafür sind wir hier bei euch.
Wir lebten in Frieden und nahmen diesen Frieden mit in unsere Welt hier, die voller Frieden ist.
Ihr werdet es auch mitnehmen, wenn ihr geht, und eure Welt wird dieselbe sein.

Es liegt nicht an uns, auf unserer Seite des Lebens, dies zu ändern. Es liegt an dir, wo du jetzt bist. Dein Leben, deine Umgebung, dein Herz, deine Seele zu verändern. Dann kannst du dies in unsere Welt mitnehmen. Und dann können wir uns in diesem Licht treffen.

Nur du musst dich weiterentwickeln. Du selbst, dein Leben.

Frage: *Könnt ihr uns etwas über Atlantis sagen? Gibt es diesen Kontinent noch auf der Erde oder ist er von Wasser, vom Ozean überspült?*

Antwort: Warum willst du es wissen? Warum fragst du danach?

Diese Zeiten sind vorbei. Es ist zerstört. Es befindet sich unter dem Meer. Es ist nicht mehr da. Warum wundern sich die Leute über diese alten Zeiten? Warum schauen sie nicht auf ihre eigene Welt, damit so etwas nicht noch einmal passiert?

Atlantis existierte, aber es ist weg. Die Menschen haben nicht gelernt, in Harmonie mit dieser Welt zu leben. Es passiert immer wieder. Schau nicht in die Vergangenheit. Schaue in die Zukunft, in die Welt, die jetzt existiert. Schaue dir dein eigenes aktuelles Leben an. Was kannst du jetzt ändern, damit es eine bessere Welt wird?

Erforsche keine alten Nationen. Erforsche dein eigenes Leben, diese Nation. Finde heraus, was zu tun ist, damit es deinem Leben, deiner Welt nicht auch passiert.

Die Menschen haben diese Welt so oft zerstört. Es ist wie ein Baum im Kreis seines Lebens. Er stirbt und wächst, eine Evolution, ein Kreislauf des Lebens. Schau nicht zurück. Mach nicht wieder die gleichen Fehler. Denke nicht, dass du die Welt verändern kannst, wie du es willst. Glaube an die Weisheit dieser Welt, von der Natur, von Mutter Erde.

Mutter Erde ist stärker als die Menschheit. Die Elemente sind stärker als du. Mutter Erde kann alles auf diesem Planeten durch die Elemente zerstören.

Es ist ein Wachstum. Ein Kreis. Diese Welt braucht Heilung. Clearing. Du kannst es tun oder Mutter Erde wird es tun, die Elemente. Hilf also besser, diese Erde zu heilen.

Wir senden dir jetzt Licht, heilendes Licht für alle deine Körper. Dem emotionalen, mentalen, spirituellen und physischen Körper.

Alles muss in Harmonie sein. Fühle jetzt das Licht und die Heilung. Fühle das Vertrauen in dich selbst in deinem Herzen. Das Vertrauen in das Leben in deinen Füßen. Und das Vertrauen in Gott und das bessere Leben in deinem Kopf. Und das Vertrauen und die Kraft der Menschen in deinen Händen.

Fühle dies alles, wie es verbunden ist. Fühle die Kraft in dir und außerhalb von dir und in dieser Welt. Glaube daran, dass du diese Welt in einen besseren Ort verwandeln kannst.

Die Menschen müssen sich ändern. Ihre Gedanken, ihr Verhalten. Ihre Energie und ihre Schwingung.

Fühle die Kraft in allen Teilen deines Lebens, in deinem Körper und deiner Seele und in deinem Herzen. Wir sind hier, um dir dabei zu helfen. Um diese Welt zu einer besseren Welt zu machen, in der sich die Menschen wie Freunde behandeln, in der niemand besser ist als der andere. Und niemand will der Beste sein, besser als alle anderen. Reicher als alle anderen.

Die Menschen müssen zu Brüderlichkeit, Menschlichkeit und Liebe zurückkehren.

Sie bringen diese Welt aus dem Gleichgewicht. Ihr seht es im Wetter, ihr seht es in den Elementen, in der Natur. Es hungert, brennt. Und die Elemente in dir sind ebenfalls außer Kontrolle geraten. Die Menschen leben nicht in Harmonie. Sie sind voller Wut, Eifersucht und Hass. Diese Energie ist auf dieser Erde allgegenwärtig. Wie die dunklen Wolken deiner Gedanken. Denke darüber nach.

Es geht um deine Welt, deine Energie. Es geht nicht darum, wo Atlantis war. Es geht um das Verhalten der Menschheit. Es ist eine technische Entwicklung, jedoch nicht in euren Herzen und Seelen. Der Virus zeigt uns, dass jeder gleich ist, dass jeder die gleiche Luft atmen muss. Kein Geld hilft dabei, zu atmen und sicher zu sein. Und er zeigt, dass Menschen zusammen stehen müssen, um sich gegenseitig zu helfen.

Als Einheit.

Die Menschheit muss zusammenwachsen, aber sie spaltet sich immer mehr. Sie haben nichts gelernt. Sie trennen sich immer mehr.

Wir sind hier von der anderen Seite des Lebens. Wir hoffen, euch durch die Stürme dieser Zeit helfen zu können, um zusammenzuwachsen. Indem wir Heilung und Vertrauen zu euch senden.

Das Leben auf dieser Erde muss sich verändern, oder die Erde wird das Leben auf dieser Erde verändern.

Fühle nun die Energie der Heilung.

Erinnerst du dich, was ich dir über den Körper, die Sterne und die Energie erzählt habe, wenn etwas fehlt?

Es ist wie mit eurer ganzen Erde. Sie ist aus dem Gleichgewicht geraten. Es fehlen so viele Energien. Wälder, Tiere, Natur. Ihr habt es vernichtet. Ihr habt diese Lebensenergie entfernt. Das Gleichgewicht ist so außer Kontrolle geraten. Wir haben der Erde immer etwas zurückgegeben, wenn wir von ihr etwas weggenommen haben. Aber eure Generation nimmt nur. Und alles, was ihr zurückgebt, lebt nicht, es ist tote Energie.

Ihr zerstört die alten Wälder. Ihr zerstört die Naturgeister. Ihr zerstört die Welt, in der sie leben. Die Menschen sind blind dafür. Sie glauben nicht, dass sie etwas ändern müssen. Sie wollen nur ihr altes Leben zurück. Aber du kannst nicht alles Zerstörte zurückbekommen. Viele Dinge werden für immer zerstört sein.

Ihr wollt immer nicht, dass sich etwas ändert. Aber das Leben ändert sich, es ist der Kreislauf des Lebens.

Du willst nicht alt werden. Du willst nichts verlieren. Du willst, dass alles beim Alten bleibt, aber das ist kein Leben.

Schau noch einmal auf den Baum. Er blüht. Im Winter verliert er sein Leben. Du könntest denken, er verliert nur seine Blätter, aber er bekommt ein neues Leben.

Das ist wie bei dir. Du musst die Dinge loslassen. Geh in dich. Trete im Leben zurück wie der Bär, der im Winter schlafen geht und im Frühling wieder zum Leben erwacht.

Die Natur lebt in diesem Kreislauf. Die Natur weiß, dass das Leben kommt und geht, die Dinge kommen und gehen. Du musst Dinge loslassen, um neue Dinge zu bekommen, deine Energie ist ein Kreislauf des Lebens. Aber die Menschen wollen sich nicht ändern. Sie wollen, dass alles beim Alten bleibt. Sie wollen nichts verlieren, nichts aufgeben. Es muss immer mehr sein. Aber so ist es in der Natur nicht.

Du musst Dinge gehenlassen, für ein neues Leben. Die Menschen können dieses Potenzial im Virus erkennen, diesen Kreislauf des Lebens der Natur. Gehe in die Stille, um Dinge loszulassen. Lasse es wie einen Winterschlaf sein und wache dann zu einem neuen Leben auf, zu einem besseren Leben mit mehr Energie. Aber die Menschen wollen diesen Schlaf nicht. Sie wollen nicht loslassen. Sie wollen die alten Energien zurückhaben, aber so läuft dieses Leben nicht. Alles ist ein Kreis in diesem Leben.

Lass die alten Dinge los, denk nicht über die alten Dinge nach. Lass es gehen. Sei es Atlantis, Lemuria oder das Mittelalter. Lass die alten Geschichten los.

Geh in dich hinein, heile dich selbst und finde neue Energie in dir, in diesem Moment, in dem du existierst. Und dann erwache zu einem besseren Leben, zu einem neuen Leben, zu einem neuen Lebenskreislauf. Wie die Blume im Frühling oder der Baum.

Das Wichtigste, was ich über diese Gesellschaft erkannte, ist, dass die Menschen keine Kraft mehr haben, wieder zu blühen. Sie stecken in der alten Energie fest.

Bleib nicht stecken. Lass alte Dinge los.

Lass gute Dinge in der Dunkelheit, im Frieden, in der Stille wachsen. Glaube an die Kraft des Lebens, und du wirst sehen, was daraus wächst. Wie der Stein, von dem ich dir erzählt habe. Bleibe an diesem Platz in Ruhe und Frieden und lasse es wachsen.

Denke nicht zu viel über dein früheres Leben nach und über Dinge, die es nicht mehr gibt. Mache eine Pause und träume dein Leben auf eine bessere Art und glaube daran. Wir helfen dir dabei und erinnern dich daran.

Frage nicht nach alten Dingen, sondern nach neuen, die kommen werden. Und träume es in der Realität.

Denke nicht an alte Gedanken und Pläne. Erschaffe neue und ein neues Leben, nicht nur für dich.

Wir umgeben dich mit unserer Lebenskraft, mit unserer Liebe und mit heilenden Energien.

Danke, dass ihr hier seid. Dass ihr unsere Freunde seid und euch mit uns zu verbindet.

Glaube an dich und deinen Traum und an eine bessere Welt. Träume diese Welt zu einem besseren Ort.

Meine Wahrnehmungen im Zirkelraum

Während ich meine Trancekontrolle weiterentwickelte, gab es in meinem Zirkelraum immer mehr Klopfgeräusche, die auch von den anderen Teilnehmern gehört wurden. Es erinnerte mich zuerst an die Erlebnisse der Fox Sisters, und wir fragten uns, ob wir darauf reagieren sollten, wie Steven Upton es in einem Vortrag empfohlen hatte. Diese Phänomene können ein Zeichen physischer Medialität sein und zeigen, dass man ein Potenzial dafür hätte. Aber ich habe großen Respekt vor physischen Zirkeln und wollte mich nie damit befassen und auch keinen solchen gründen. Ich möchte in keinem Kabinett sitzen, da ich nicht glaube, dass dies in unsere Zeit passt. Daher antwortete ich auch nicht mit einem Klopfen.

Beim Abspielen der Audioaufnahmen bemerkte ich plötzlich, dass es sich wie Trommelschläge anhört, wie meine schamanische Rahmentrommel. Das Trommeln ist sehr gleichmäßig, rhythmisch und die Energie im Raum nahm dabei auch zu. Während meiner schamanischen Reiseabende, in meiner Praxis, sahen die Teilnehmer ebenfalls einen Indianer, der gemeinsam mit mir trommelt. Ich selbst merkte es nicht, wunderte mich aber öfters, woher ich die Kraft zum Trommeln nehme.

Sei was du bist

Trance Speaking vom 2. Dezember 2020

Wir sind die Vergessenen. Wir sind hier von der anderen Seite des Lebens. Wir sind hier, um euch zu lehren, mit euch zu arbeiten, euch zu heilen. Wir sind hier und danken euch, dass ihr hier seid. Diese Zeiten sind etwas Besonderes. Wir sind hier, um euch in diesen Zeiten zu helfen. Mit Mut, Glauben und Liebe, durch diese Zeiten zu gehen.

Wir senden euch jetzt Heilung von unserer Seite des Lebens.

Fühle es in deinem Herzen und in deinem Körper, überall wo du dieses Licht brauchst. Wir senden euch jetzt blaues Licht von unserer Seite des Lebens.

Für Ruhe, Frieden, Entspannung, die ihr in diesen Zeiten braucht. Um nach innen zu gehen, um diesen Frieden, diese Ruhe und Stille zu finden. Fühle es jetzt, das blaue Licht. Wir senden es dir jetzt. Fühle es und heile dich damit. Und Violett aus den kosmischen Reichen.

Wir heilen eure Ängste aus alten Zeiten. Wir geben euch Selbstvertrauen, Mut und Vertrauen.

Fühle es in deinem Herzen, deinem Körper und deinem Geist.

Wir senden dir jetzt diese Energie. Um zu heilen und zu vertrauen. An die Güte in dieser Welt zu glauben, die es noch gibt.

Man sieht oft nur die schlechten Dinge. Grausame Menschen, schlechte Menschen. Aber es gibt noch Hoffnung. Und dafür danken wir euch. Wir hoffen, die Dinge zu einem Besseren zu wenden. Wie wir es früher getan haben. Die Menschen müssen zu einer neuen Energie und einem neuen Leben aufwachen. Aber sie wollen immer noch ihr altes Leben zurück. Das wird aber in diesem Leben nicht passieren.

Fühle das Vertrauen in deinem Herzen und die Energie des Lebens und der Hoffnung und Gnade. Fühle es jetzt.

Wir senden euch jetzt grüne Energie, die ihr in diesen Zeiten benötigt. Fühlt es jetzt. Orange für Heilung und Kreativität.

Die Menschen verstehen die Schwingung der Farben nicht. Sie sind blind für die Energien dahinter.

Fühle die Energie der Farben, wenn sie dich berühren. Wenn du mit ihnen meditierst. Die Schwingung an deinen Organen. Wir werden dir dies beibringen.

Was ist, wenn im Regenbogen eine Farbe fehlt? Oder wenn Organe in deinem Körper fehlen? Es ist das Gleiche. Unvollständig.

Steh auf für die Dinge, an die du glaubst, verstecke dich nicht. Mach dich nicht klein und schlecht.

Wie wir bereits sagten, ist die Wahrheit nicht bei den lautesten Menschen. Verstecke dich nicht, sondern fliege. Warum fliegst du nicht?

Wir schicken dir die Flügel und die Winde zum Fliegen, aber du musst selbst fliegen. Vertrauen und fliegen.

Sei leise, wenn es nötig ist. Und laut, wenn es erforderlich ist. Steh für deine Wahrheit ein. Verstecke dich nicht.

Wenn du ein Adler bist, verhalte dich wie ein Adler, nicht wie eine Maus oder eine Krähe.

Du musst sein, was du bist, nicht was die anderen sind. Verhalte dich so, wie du bist. Mach dich nicht klein.

Sei anders. Versuche nicht, so zu sein, wie die anderen sind. Sei die beste Version von dem, was du bist. Sei du selbst und vertraue dir selbst.

Geh durch die Stürme und glaube an dich. Verstecke dich nicht im Wald.

Gebe dir selbst die Möglichkeit zu wachsen und zu lernen. Aber du musst anfangen.

Möchtest du etwas fragen?

Frage: *Kann ich eine persönliche Frage stellen?*
Antwort: Ja.
Frage: *Ich suche immer noch, was ich hier wirklich als Lebensaufgabe für das Leben, für die Erde, für die Menschen tun kann.*

Ich habe das Gefühl, dass es mir möglich ist, verstorbene Seelen, die noch nicht im Licht sind, ins Licht zu führen. Ich mache das mit Lichtsäulen.

Ist das eine Aufgabe, die ich machen soll? Oder ist das kein Weg für mich? Wäre das eine Aufgabe für mich, mich darum zu kümmern?

Antwort: Hast du die Reise gemacht, um die wir dich gebeten haben? Die Reise mit deinen Beinen? Hast du sie gefragt, wohin sie wollen? Du musst es selbst finden.

Es ist eine große Ehre, dich hier zu haben, um diesen Seelen zu helfen, ins Licht zu gehen. Sie müssen vorwärtsgehen. Die Seelen halten sich davon ab, so wie du dich auf deinem Baum im Wald. Ihr müsst alle vorwärtsgehen, und vielleicht könnt ihr euch gegenseitig helfen, zu wachsen. Helfe diesen Menschen auf die andere Seite. Du kannst das. Aber das ist nicht dein ganzes Lebensziel. Sieh dich an. Was möchtest du tun? Wozu bist du hier? Es gibt mehr als das.

Du kannst ihnen helfen, aber es gibt noch mehr. Frage dich, wohin du gehen solltest, und gehe. Wir bitten dich, zu fliegen, wohin du möchtest. Es sind keine verlorenen Seelen. Sie sind geschützt, aber sie müssen sich bewegen. Dafür brauchen wir dich. Hilf ihnen, ins Licht zu gehen.

Was möchtest du fragen?

Frage: *Wird der Coronavirus wieder von alleine verschwinden?*

Antwort: Wir können das nicht beantworten. Es liegt nicht an uns. Es liegt an euch. Daran, wie sich die Menschen verhalten und wachsen werden. Der Virus möchte die Menschheit etwas lehren, aber sie haben es nicht gelernt.

Vielleicht wird dieser Virus verschwinden, aber es wird ein anderer kommen. Es ist nicht wichtig, wie der Name des Virus lautet.

Es wird immer Viren auf dieser Welt geben, und man muss daraus lernen, dass alles miteinander verbunden ist, dass Menschen zusammenarbeiten und sich gegenseitig schützen müssen. Aber viele Menschen wollen es nicht, sie wollen immer noch ihr altes Leben zurück. Aber der Virus wird auf diese Weise nicht verschwinden. Ihr habt das zu lernen. Mehr als dies zu lernen. Es geht nicht um den Virus. Es geht um die Botschaft des Virus.

Jede Pandemie geht ihren Weg und wird enden. Auch diese, auch dieser Virus, aber dann wird ein anderer kommen. Vielleicht nächstes Jahr, vielleicht in zehn oder hundert Jahren. Es liegt an euch, daraus zu lernen. Diese Welt zu heilen, nicht nur von einem Virus.

Vielleicht bist du wie ein Virus für Mutter Erde? Sie fragt nicht, wann du weggehst.

Was benötigt wird, ist in Harmonie zusammen zu leben. Zu lernen, einander zu schützen. Vielleicht fühlt sich Mutter Erde wie ihr mit dem Virus. Denk darüber nach.

Wir senden dir jetzt Heilung, grüne Energie. Fülle dein ganzes Herz damit.

Der Virus ist außer Kontrolle geraten. Alles entwickelt sich immer höher und höher, die Viren, die Technologie. Es ist nicht so, wie es war. Es ist nicht möglich, in der Zeit zurückzugehen. Ihr müsst damit aufhören. Stehe still und schaue zurück, schaue zurück auf das, was ihr geschaffen habt.

Der Virus kommt aus der Natur, er hat sich in der Natur entwickelt. Ihr müsst die Natur in Ruhe lassen. Die Menschheit spielt Gott in der Natur und in der Schöpfung. Ihr möchtet alles ändern, so wie ihr es haben möchtet. Die Tiere, die Wälder, das Essen. Das alles ist nicht mehr natürlich.

Ihr denkt, das ist Wachstum, Technologie. Viele Menschen sind stolz auf das, was sie tun, was sie erschaffen. Aber es ist kein Leben darin. Keine Harmonie. Sie spielen Gott.

Die Natur und der Virus zeigen dies wie in einem Spiegel. Alles hat sich entwickelt, aber nicht auf gesunde Weise.

Der Virus ist außer Kontrolle, wie die Natur und Mutter Erde. Aber die Menschen lernen nicht daraus. Sie erschaffen neues Leben, und genau das wird der Virus tun. Wie kann man ihn aufhalten? Es liegt nicht an uns.

Die Menschen müssen aufwachen, bevor es zu spät ist. Sie haben dies immer wieder erlebt, aber Sie haben nicht daraus gelernt, in Harmonie und Frieden zu leben. Nicht Gott zu spielen.

Die Natur und Mutter Erde werden dieses Spiel stoppen, wenn ihr es nicht selbst stoppt.

Was lernen Kinder? Lernen sie, im Einklang mit der Natur zu leben? Lernen sie etwas über die Natur? Nein.

Sie lernen etwas über Technologie. Sie lernen etwas über die menschlichen Dinge, worauf die Menschen, auf eurer Seite der Geschichte, stolz sind. Aber nicht die Geschichte von Mutter Erde, was mit Mutter Erde passiert.

Es geht immer um die Menschheit. Nicht um die Natur und Mutter Erde.

Mutter Erde weint und will die Menschen aufhalten, um eine Pause zu haben. Damit nicht alles zerstört wird, auch nicht die Menschheit selbst.

Ihr habt die Elemente zerstört, die Luft, das Wasser, die Erde. Ihr könnt dies alles nicht in euren Labors produzieren. Es ist keine Lebenskraft, die ihr produziert, und ihr könnt nichts mit dieser Energie füllen. Wenn ihr es zerstört habt, wird es für immer fort sein.

Ihr könnt Gottes Energie nicht erschaffen. Ihr seid dabei schon früher gescheitert. Ihr habt es versucht, aber ihr könnt es nicht.

Ihr habt alles zerstört, was voller Leben in der Natur ist. Den Wald, die Gletscher. Denkt darüber nach.

Woher bekommt ihr diese Lebenskraft? In euren Städten? In euren Häusern? Oder in der Natur? Die Menschheit zerstört die Natur.

Dieser Virus kommt aus der Natur. Er kommt von den Tieren. Was benötigt wird, ist in Harmonie zusammen zu leben. Vielleicht aus den Wäldern zu den Menschen hin.

Er will die Menschen aufhalten. Aber sie sind blind. Sie wollen nur ihr altes Leben zurück, ihr Leben, das diese Erde zerstört! Wir sind so traurig darüber.
Unsere "Indian Nations" sagte dies dem weißen Mann. Sie hören nicht. Sie wollen nicht hören, was wir sagen. Sie wollen nicht lernen. Sie denken, sie wissen es besser.

Die Natur wird aggressiver, um sich vor diesem Spiel und dieser Entwicklung zu schützen. Aber die Leute schauen sich nur den Virus an und nicht, was dahinter steckt.
Wir schicken euch jetzt wieder Heilung. Energie von unserer Seite des Lebens. Fühlt es in eurem ganzen Körper und heilt dadurch.

Danke dafür, dass du bist, was du bist. Und dass dein Herz für diese Mutter Erde schlägt. Wir brauchen dich dafür und danken dir dafür.
Pass auf dich auf und vergiss dich selbst und Mutter Erde nicht.

Wir senden dir heilendes Licht in deinen Hals, damit du deine Wahrheit sagen kannst. Verstecke dich nicht mehr. Sag deine Wahrheit. Wir brauchen dich dafür.
Verstecke dich nicht im Wald. Der Wald braucht dich hier. Verstecke dich nicht in der Welt der toten Seelen. Du kannst ihnen helfen, aber sie sind tot. Hilf dieser Welt, dieser Natur, dieser Mutter Erde. Dem, was noch lebt, bevor es zu spät ist und alles tot ist. Wir brauchen dich hier.

Frage deine Beine und deine Seele: Wo ist dein Platz, um diese Wahrheit auszusprechen?

Sei ein Sprecher dieser Erde. Wir brauchen dich dafür, um diese Lebenskraft zu schützen. Nicht für den Tod.
Viele Menschen sehen den Tod, aber sie sind blind für das Leben. Sie interessieren sich nicht mehr für diese Erde und die Natur.
Danke.

Das Wetter ist außer Kontrolle

Trance Speaking vom 9. Dezember 2020

Wir sind die Vergessenen. Wir sind hier, um euch unsere Weisheit von der anderen Seite zu lehren. Wir sind hier, um euch durch diese Zeit zu helfen.

Die Leute erkennen nicht, was vor sich geht. Sie sehen nur den Moment. Was in ihrem eigenen Leben passiert, aber nicht in dieser Welt. Sie ändern nichts zum Besseren, für Mutter Erde. Sie wollen nur ihr Leben wieder normalisieren, aber das wird nicht passieren.

Der Virus wird nächstes Jahr mit euch spielen. Ihr denkt, ihr habt es unter Kontrolle, diese Welt, diese Natur. Die Experimente. Das stimmt aber nicht. Ohne Liebe ist nichts mehr unter Kontrolle.

Die Natur reagiert auf die Menschen. Es ist eine außer Kontrolle geratene Entwicklung. Ihr zerstört diese Erde. Den Regenwald, die Tiere, das Leben. Und ihr weint, wenn etwas in eurem eigenen Leben zerstört wird, wenn ihr nicht zu eurer Normalität zurückkehren könnt. Aber was ist normal?

Das derzeitige Leben der Menschheit ist nicht normal. Es ist nicht wahr. Es ist nicht unter Kontrolle.

Das Leben der Menschen ist nicht in Harmonie mit dieser Erde. Zu welcher Normalität möchtet ihr zurückkehren? In eure technische Welt? Mit dem Spaß, Egoismus und der Unwissenheit?

Wir sind hier, weil wir in einer anderen Welt lebten. Voller Frieden, Harmonie und Empathie, aber dies ist vorbei.

Wir sind die Vergessenen, weil wir in einer Welt gelebt haben, die jetzt vergessen ist und von der sogenannten Zivilisation zerstört wurde.

Wir senden dir jetzt heilendes Licht, damit dein Herz sämtliche Trauer, Enttäuschung und Angst heilen kann.

Wir senden dir dafür jetzt grünes und blaues Licht. Fülle dein Herz damit, um dich und diese Welt zu heilen.

Die Gesellschaft wird kühl, das Klima heiß. Es ist außer Kontrolle geraten. Ihr ändert das Wetter. Menschen leiden darunter. Aber viele sind blind dafür. Sie sorgen sich nicht. Nicht nur um Mutter Erde, sie kümmern sich auch nicht umeinander. Sie haben Menschen zurückgelassen, weil sie denken, dass sie nicht so entwickelt sind wie sie selbst.

Die Menschen haben ein falsches Bild von Reichtum. Sie sind stolz auf Dinge, die nur für sie selbst und diese Gesellschaft eine Bedeutung haben, nicht jedoch für diese Welt, nicht für Mutter Erde.

Sie sind blind für die Natur, die Harmonie. Sie suchen nach anderen Dingen, die sie kaufen und für die sie leben können. Aber das zerstört diese Erde und ihre Seele.

Jeder will besser sein. Jeder kümmert sich nur um sich selbst. Und jeder ist blind für das, was hinter seinem Leben steht.

Warum bist du hier auf dieser Erde? Was ist die große Bedeutung dahinter?

Warum ist der Virus da?

Schaut euch an und helft, die Weltgemeinschaft zusammenwachsen zu lassen.

Der Virus entwickelt und verändert sich. Aber nicht zu seinem Besten, genau wie ihr.

Wir senden dir Licht, um zu heilen und zu vertrauen.

Möchtest du etwas fragen?

Frage: *Ist es euch möglich, bei uns Diagnosen zu stellen, in unserem Körper?*

Antwort: Wir können das tun. Wir können in deine Seele sehen, in deinen Körper, in deinen Geist, in deine ganze Existenz. Wir sehen deine Ängste, Krankheiten und was dahinter steckt.

Ihr seid alle voller Ängste. Angst, nicht gut genug zu sein. Angst verloren zu sein. Angst, krank zu werden, welche dich krank macht. Und die Angst vor der Angst.

Wir sind hier, um euch dies mit der Zeit zu erklären.

Schau in dein Herz. Wovor versteckst du dich? Wovor hast du Angst? Es ist alles in deinem Herzen.

Was lebst du nicht? Wovor hast du Angst? Wovor rennst du weg?

All deine Krankheiten kommen daher: dein Potenzial nicht zu leben. In Angst zu leben. Dir nicht zu vertrauen. Du musst dir selbst vertrauen. Aber du vertraust deinem Körper nicht.

Wie kannst du dir selbst vertrauen, wenn du denkst, dass du zu schwach und nicht stark genug bist? Du bist stärker, als du denkst, dein Körper ist stärker, als du denkst.

Glaube an dich und deinen Körper und gehe vorwärts. Und lebe deine Stärke. Finde deine Stärke in dir selbst und nicht in der Stärke anderer Menschen.

Entwickle deine eigene Kraft und gehe deinen Weg. Lebe dein Potenzial und verstecke dich nicht in deinem Wald.

Alles kommt von der Angst. All deine Krankheiten. Die erste Angst war zu leben. Dies ist die Stärkste. Du musst das heilen. Wir können dies tun.

Wir senden dir dafür heilendes Licht. Selbstvertrauen. Vertraue dir selbst. Ihr alle braucht dieses Vertrauen in euch. An sich selbst glauben. Höre nicht auf das, was andere über dich denken. Denke selbst.

Was möchtest du über dich denken? Denke nicht, was andere über dich denken.

Du weißt das, aber du lebst das nicht. Glaube an dich selbst und dann kann alles in deinem Herzen und in deiner Seele heilen.

Möchtest du etwas über Mutter Erde fragen?

Frage: *Können wir irgendetwas Konkretes machen für die Erde?*
Können wir irgendetwas beeinflussen mit den Strömen im Meer? Zum Beispiel der Golfstrom im Atlantik. Gibt es da für die Menschen Möglichkeiten, dass er so bleibt und sich nicht abschwächt?
Ist es in der Macht der Menschen etwas da zu bewirken?
Antwort: Es ist zu spät, dies jetzt zu ändern. Das Wetter reagiert auf die Menschen. Alle Menschen müssen sich ändern.
In dieser Zeit gab es die Möglichkeit, etwas zu ändern. Das Klima zu heilen. Für einen Moment still zu stehen. Aber die Menschen haben diese Gelegenheit verpasst. Sie haben es versäumt, diese Welt zu heilen.
Das Wetter ist außer Kontrolle geraten. Es ist schwer, dies zu stoppen. Es ist möglich, aber dafür ist es sehr spät.
Vielleicht wird der Virus die Menschen anhalten. Mutter Erde möchte die Menschen aufhalten, sie zum Stillstand bringen. Aber die Menschheit möchte nicht stillstehen, sie will ihre Lebensweise nicht ändern. So wird auch das Wetter sich in dieser Weise entwickeln.
Die Menschheit hat diese Erde verändert, das Wetter. Das ganze Leben auf diesem Planeten. Was können wir tun?
Wir können weinen, wir können beten. Oder wir können auch die Menschen bitten, sich zu ändern.

Wir sind hier, um die Menschen zu bitten, sich zu ändern. Unsere Botschaft in diese Welt zu bringen. Dafür brauchen wir dich. Du allein kannst nichts tun, nur die Menschheit zusammen kann es. Aber sie tun im Hass andere Dinge. Sie vertrauen uns nicht mehr. Sie denken, sie wissen es besser. Sie wollen es besser wissen. Jeder will es am besten wissen. Sie wollen uns nicht fragen.

Sie wollen weder auf uns noch auf Mutter Erde hören. Sie schauen auf ihre Sterne und haben Mutter Erde vergessen. Und alles ist eine Reaktion darauf.

Wir sind hier, um euch hier durch zu helfen, zu helfen, es zu verstehen. Es steckt so viel mehr dahinter. Wir versuchen, es euch zu erklären. Aber ihr müsst ein neues Bild des Ganzen finden, der Erde.

Sehe diese Erde als etwas Lebendiges an. Mit Bewusstsein, mit Emotionen. Was kannst du sehen, wenn du so an Mutter Erde denkst?

Sie ist voller negativer Gefühle von dieser Gesellschaft, von dieser Menschheit. Wie von einer dunklen Energieaura umgeben. Ihr müsst dies reinigen, ihr müsst es heilen.

Das Leben auf dieser Erde muss eine Weile stillstehen. Wir hatten das schon einmal und es wird wieder kommen ... Vielleicht wird es aus eurem freien Willen geschehen, oder so, wie Mutter Erde es will.

Diese Erde muss stillstehen, so wie die Jetstreams jetzt stillstehen. Es ist ein Spiegel eurer Gesellschaft, in der die Menschen nicht still stehen wollen.

Die Menschen wollen ihr altes Leben zurück. Aber dies wird das Wetter nicht heilen, dies wird Mutter Erde nicht heilen und dies wird nichts in eine positive Richtung ändern. Alles wird noch schlimmer als zuvor. Das Leben auf dieser Erde muss stehen bleiben, um zu heilen und sich zu regenerieren.

Viele Menschen bleiben auf ihrem Baum, aber wir glauben, dass sie dies nicht tun sollten. Sie verstecken sich. Sie sind schüchtern. Sie sind still, sie sagen nichts. Aber das wird nichts ändern oder dieser Erde helfen. Ihr müsst eure richtige Position einnehmen und dieser Erde helfen, bevor es zu spät ist.

Hast du deine Beine gefragt? Nein, hast du nicht. Aber du solltest es tun! Ihr müsst alle euren Platz finden. Und vertraue in dich und deine Kraft.

Aber du für dich alleine kannst nichts aufhalten oder ändern, was vor sich geht. Aber du kannst ein Teil der Lösung sein. Dafür sind wir hier. Denk darüber nach.

Fühle die Energie von Mutter Erde unter deinen Füßen. Verbinde dich mit Mutter Erde und ihrer Kraft. Fühle ihren Herzschlag, ihr Leben.

Die Menschen haben vergessen, Mutter Erde unter ihren Füßen zu spüren, wenn sie in den Wald oder zum Strand gehen. Nicht nur, um alle Dinge zu sehen, sondern um sie zu fühlen. Sei mit deiner Seele dabei. Fühle es.

Die Menschen in meiner Welt haben zu unserer Zeit Mutter Erde geholfen. Wir haben mit ihr gesprochen. Wir fühlten es, wenn sie mit uns nicht glücklich war. Wir waren dankbar für alles, was sie uns gegeben hat. Für die Lebensmittel, das Wasser. Wir haben uns bedankt und etwas zurückgegeben. Die Menschen vergessen, etwas zurückzugeben, zu danken, dankbar zu sein.

Frage: *Darf ich noch eine Frage stellen?*
Antwort: Ja.
Frage: *Gibt es auch Einflüsse außerhalb der Erde, aus dem Kosmos, die unser Klima hier beeinflussen? Oder ist das ausschließlich von Menschen verursacht oder sind das auch kosmische Einflüsse von außen?*
Antwort: In unserem Universum ist alles miteinander verbunden. Aber unsere Erde bringt mehr ins Universum als das, was von außen kommt. Nicht das Universum ist das Problem, die Erde ist das Problem.
Die Erde ist nicht in Harmonie und dies geht nach außen ins Universum und andere Planeten reagieren. Und dann reagieren sie wieder auf die Erde und damit auf dich. Es ist ein Spiegel. Natürlich gibt es Einfluss von anderen Planeten. Aber das ist nicht das Problem, das Problem liegt auf dieser Erde. Erinnerst du dich, was ich dir vor Wochen erzählt habe? Was ist, wenn ein Planet fehlt? Die gesamte Energie dieser kosmischen Welt gerät außer Kontrolle. Aber was ist, wenn die Energie eines Planeten nicht voller Harmonie ist? Wenn das Potenzial weg ist?

Was ist, wenn dein Körper ein Organ hat, das nicht gesund ist, das krank ist? Es beeinflusst den ganzen Körper. Und das ist es, was in eurem Kosmos Realität ist. Die Erde ist krank und die Planeten reagieren. Es wird keine Harmonie mehr in dieser kosmischen Welt geben, wenn wir diese Erde nicht wieder zurück zur Harmonie wandeln. Vielleicht wird die kosmische Antwort kommen. Vielleicht wollen sie etwas ändern, um es wieder in Einklang zu bringen. Um aufzuhalten, was vor sich geht. Denk darüber nach.

Auf der Erde sucht die Menschheit nach dem Grund für alles außerhalb von sich. Aber ihr müsst nach innen schauen und die Dinge in euch selbst ändern. Jeder muss sich ändern und die ganze Welt auch. So ist es auch mit dieser Erde. Denke darüber nach und helfe dabei, einen Wandel in das ganze Universum zu bringen, bevor es zu spät ist.

Es ist alles miteinander verbunden, aber nur dieser Planet wurde von der Menschheit verändert. Schau außerhalb dieser Welt in das Universum. Sie bringen ihren Müll dorthin. Es reicht nicht aus, alles ins Wasser zu geben, auf und in die Erde. Ihr könnt überall die Spuren der Menschheit sehen. Aber keine guten.

Viele Dinge können zu deinen Lebzeiten nicht geändert werden. Es ist zu spät zur Beseitigung vieler Fehler auf dieser Welt. Die Samen wurden gesetzt und einige Samen können von euch nicht mehr vernichtet werden. Ihr könnt nur beobachten, was aus diesen Pflanzen wächst.

Die Menschen müssen ihre Enkelkinder um Vergebung bitten, für das, was sie getan haben. Sie haben viele Dinge, die zu vergeben sind, aber sie sind blind. So wird es weitergehen. Die Menschen müssen sich ändern, bevor es zu spät ist.

Wir sind hier, um euch bei diesem Wandel zu helfen. Und wir bitten euch, in eine bessere Richtung zu gehen, da wir sehen, was gerade passiert. Es liegt nicht an uns. Wir können nichts von unserer Seite des Lebens tun. Es ist die Menschheit, die lebt. Aber sie müssen ihren Geist, ihr Bewusstsein und insbesondere ihr Herz für diese Erde und alles, was auf ihr lebt, öffnen.
Sie müssen nicht nur sich selbst schützen. Sie müssen das ganze Leben auf dieser Erde schützen, bevor es zu spät ist. Bevor alles Leben geht.

Sie werden erst wissen, was sie vermissen werden, wenn es zu spät ist. Die Menschheit vermisst Dinge oft erst, wenn sie sie verloren haben, aber dann ist es zu spät. Sie müssen aufwachen, bevor es zu spät ist. Für die Schönheit dieses Lebens und für alles auf Mutter Erde.

Sie haben Zeit dafür, aber diese geht schnell vorbei. Wir beten, dass sie aufwachen, für eine bessere Welt und Frieden und Harmonie und Liebe. Wir möchten helfen, diese Welt auf eurer Seite des Lebens zu erschaffen.

Wir danken dir, dass du hier bist. Glaube an dich und die Güte dieser Welt. Und stelle dir eine bessere Welt in Frieden und Harmonie vor und liebe das, was lebt. Wir hoffen darauf, auf unserer Seite des Lebens.

Lebe deine Vision

Trance Speaking vom 16. Dezember 2020

Wir sind die Vergessenen, wir sind hier von der anderen Seite des Lebens. Wir danken euch, dass ihr hier bei uns seid. Diese Zeiten sind etwas Besonderes. Wir sind hier, um darüber zu sprechen. Die Menschen wollen sich immer noch nicht ändern. Sie möchten ihr altes Leben zurück. Ihre Geschichte ist nicht nur mit guten Dingen gefüllt. Die Menschen können nicht auf alles Stolz sein.

Es ist nicht gut, in diese Geschichte zurückzugehen, sie zu wiederholen, eure Geschichte.

Man muss vorwärtsgehen, aber nicht so, wie die Menschen denken. Sie denken nur an die technische Entwicklung und entwickeln ihre Seele nicht. Sie entwickeln ihr Herz nicht. Sie entwickeln nur tote Dinge. Aber das ist nicht gut. Das Materielle entwickelt sich ohne die Menschheit. Sie haben Dinge verändert, sie haben Mutter Erde verändert, aber sie wollen ihr Leben nicht ändern. Aber ihr könntet und ihr solltet es jetzt tun.

Ihr habt alles verändert, was auf dieser Erde ist. Die Natur, die Elemente, das Wasser, die Luft.

Es bleibt nicht viel übrig, was ihr nicht verändert habt. Nur nicht die Dinge, die ihr nicht kanntet oder bisher nicht gefunden habt. Wie die Arktis.

Es ist nichts mehr sicher. Die Menschheit will alles haben, aber das ist nicht gut.

Wie könnt ihr die Dinge zum Besseren verändern?

Sucht nach dem großen Bild. Anmut. Liebe. Empathie. Bruderschaft.

Ändert es für das Ganze und nicht für euer eigenes.

Niemand ist besser als der andere. Obwohl sie denken, dass sie es sind.

Sie haben ihre Politik und ihren Glauben und zerstören diese Erde.

Tiere verschwinden, aber nicht nur sie. Energie geht weg. Die Harmonie verschwindet. Dinge verschwinden für immer.

Ihr müsst dem, was ihr tut, ein Ende setzen. Diese Welt muss jetzt zusammenwachsen. Der Virus könnte helfen, aber er ist gescheitert. So wird das nächste bald kommen und das muss kein Virus sein.

Was kannst du tun?

Sei in deinem Herzen. Lebe mit deinem Herzen. Denk nicht darüber nach. Fühle es in deinem Herzen, ob es gut ist. Ob es voller Liebe und Freundlichkeit ist, das ist alles.

Wir lebten in einer Welt zusammen in Harmonie. Niemand war besser als der andere. Niemand wollte besser werden, als wir in Harmonie lebten.

Dann kam der weiße Mann. Und die Harmonie war weg. Sie wollten, dass wir so sind wie sie. Und einige haben es versucht. Aber dies war das Ende von allem, dieser Lebensweise. Wir durften unseren Lebensstil nicht leben.

Diese Zeiten sind vorbei und wir wissen, dass sie niemals wieder so zurückkehren werden, so wie sie waren.

Aber ihr könnt daraus lernen. Jedes Lebewesen anders zu behandeln. Dankbar und freundlich sein. Ändert euer Verhalten und diese Welt wird sich auch ändern.

Wir senden dir Energie, um zu heilen. In die Ruhe und Harmonie zu gehen, ins Gleichgewicht. Fühle es jetzt. Wir senden dir jetzt grüne Energie, um zu heilen. Fühle es jetzt.

Fragt eure Kinder, solange sie noch klein sind, wie sie leben möchten. Wenn sie noch in ihrem Herzen und ihrer Seele sind. Ihr könnt von ihnen lernen.

Aber die Menschen ändern sie und ihre Lebensweise. Sie sehen nicht das Potenzial in jedem Kind.

Warum sind sie hier? Was ist ihr Lebenszweck?

Um dein Leben zu leben, um wie du sein?

Vielleicht sind sie hier, um etwas zu ändern.

Fragt sie, was sie in ihren Herzen sein wollen. Hört zu!

Wir senden dir heilendes Licht in dein Herz. Damit du in die Vergangenheit gehst, zu deinem inneren Kind und dein Kind selbst fragst: Was ist deine Bestimmung? Warum bist du hier? Was möchtest du ändern, was möchtest du tun? Du wirst dich erinnern. Und höre dir dann selbst zu.

Deinem inneren Kind. Gehe nach innen und frage dich: Was ist deine Vision?

Du musst es jetzt tun.

Wofür brennst du? Was möchtest du tun? Was möchtest du für diese Erde ändern?

Gehe deinen eigenen Weg! Den Weg, den vorher niemand gegangen ist.

Du kannst es in deinem Herzen finden. Warum bist du hier? Und dann tue das. Und finde und lebe deine Vision. Wir helfen dir dabei. Und wir senden dir immer noch Energien, um deinem Herzen und deinem Weg folgen zu können. Fühle es in deinem Herzen, diese Energie des Vertrauens, des Glaubens, der Hoffnung und der Liebe. Danke dafür.

Möchtest du etwas fragen?

Frage: *Gibt es irgendein pflanzliches Mittel, mit dem man den Coronavirus heilen kann?*
Besteht da eine Möglichkeit? Über Kräuter, pflanzliche Medizin?

Antwort: Wir sind nicht hier, um dies zu tun. In eurer technischen Welt ist das nicht erlaubt.

Wir haben diese Energie. Die Blumen, die Pflanzen, sind aber in dieser Zeit nicht für euch da. Ihr müsst es auf andere Weise heilen.

Ihr müsst die Gesellschaft heilen. Aber mit einem Kraut, einer Blume oder etwas aus der Natur ist das nicht möglich.

Ihr zerstört die Natur. Die Kräuter, die helfen könnten, verschwinden. Vielleicht gibt es etwas, das helfen kann, aber es liegt an euch, diese Welt zu verändern.

Dieser Virus stammt aus der Natur, wird aber nicht mit der Natur behandelt. Und es liegt nicht an uns, etwas zu sagen, zu helfen.

Ihr müsst euch ändern. Geht in euch und findet es selbst. Die Menschheit muss die Lösung finden. Wir dürfen euch dabei nicht helfen.

Habt keine Angst. Geht nach innen und findet die Möglichkeiten.

Ihr habt Homöopathie, Kräuter, Dinge für euer Immunsystem. Dies ist nicht neu, es ist vorhanden. Aber es geht nicht darum. Ihr müsst das Immunsystem dieses Planeten verändern und heilen, nicht nur das von euch selbst. Ihr sucht nur nach Heilung für euch selbst. Kräuter für euch, aber Mutter Erde braucht es. Die Tiere, die Natur. Dies ist nicht in Harmonie genau wie du.

Du hast die Natur zerstört. Den Lebensraum der Tiere. Ihr müsst dies zuerst heilen, und dann kann der Virus gehen.

Wie war die Gesellschaft während der Spanischen Grippe? Wie haben die Menschen gelebt? Wie war die Gesellschaft? Was hat sich in dieser Zeit geändert? Schaut euch das an. Die Parallelen zu heute. Schaut euch das an.

Wir schicken euch jetzt Heilung. Fühle es in deinem ganzen Körper und in deinem Herzen.

Warum wird der Virus aggressiv und anders? Warum mutiert er?

Er spielt mit euch. Es gibt nicht ein einzelnes Kraut, um ihn zu behandeln. Es ist komplizierter, weil er sich ändern wird. Er spielt mit euch. Du musst ihn studieren. Sprich mit ihm und finde die Wahrheit dahinter. Er lebt.

Warum bist du hier und warum ist der Virus hier? Was kannst du daraus lernen?

Schaue dir die Signatur des Virus an. Ein Virus kann nichts tun. Es ist die Masse. Es gibt unzählige Viren auf dieser Welt. Zu viele, um es zu wissen. Zu viele zu zählen, zu viele zum Finden, zu viele zum Behandeln, zu viele zum Entfernen. Vielleicht so viele wie die Menschen.

Ein Virus allein kann nichts tun. Das Ganze von allem ist die Antwort. Ein Mensch kann diesen Virus nicht behandeln, entfernen. Nur das Kollektiv. Die ganze Welt muss zusammenstehen, um diese Krankheit zu behandeln. Es geht nicht um ein Kraut. Es geht um die Bedeutung dahinter. Die Menschen müssen zusammenhalten, wie wir euch schon gesagt haben. Ihr müsst zusammen wachsen. Ihr müsst euch verbinden. Die ganze Welt muss zusammenwachsen. Sich gegenseitig helfen. Aber die Menschheit ist gespalten, sie schaut in verschiedene Richtungen, sie kämpfen gegeneinander.

Eure Gesellschaft ist nicht wie dieser Virus, der zusammenarbeitet. Sie ist gespalten, getrennt und nicht in Harmonie.

Jeder will seinen Weg gehen. Jeder will es besser haben. Es gibt kein gemeinsames Bewusstsein. Es ist ein Chaos. Und der Virus wird euch helfen, es euch zeigen.

Dieses Chaos in eurer Gesellschaft ist außer Kontrolle geraten. Was können wir tun?

Die Menschheit muss zusammenwachsen mit Harmonie und sich gegenseitig helfen. Und sollte als Gemeinschaft vorangehen für eine größere Vision, für einen größeren Zweck, für das Ganze.

Denke darüber nach, über diese Spaltung und die Vereinigung und über das, was gescheitert ist. Denke darüber nach, bis wir uns wieder sehen.

Gehe in den kommenden Zeiten nach innen. Meditiere. Sprich mit deinen Beinen. Frage dich, wohin du von deinem Baum fliegen möchtest. Nicht nur für deine eigene Vision. Für das Ganze, für die Gesellschaft, für diese Welt, für Mutter Erde. Wie kannst du dem Gesamtbild, der größeren Vision dieser Welt helfen, damit sie in Frieden, Brüderlichkeit, Menschlichkeit und Freiheit zusammenkommt?

Was kannst du dazu beitragen, dass die Menschen zusammenwachsen?

Es gibt so viel zu heilen auf dieser Welt. Wie kannst du beginnen?

Du wirst dich wie ein kleiner Vogel in deinem Baum fühlen, der nicht in der Lage ist, etwas zu tun. Dich klein und schwach fühlen. Aber du bist nur alleine schwach.

Du musst andere Vögel finden, andere Menschen, um diese größere Vision aufzubauen.

Es gibt Seelen wie dich, die du finden musst. Ein Vogel in seinem kleinen Baum kann diese Welt nicht verändern, genau wie ein Virus für sich.

Ihr müsst zusammenzuwachsen in Liebe, Menschlichkeit und Güte. Vertraue dir selbst und dem Guten in jedem Menschen, der existiert. Und es muss entwickelt und gelebt werden. Nicht für dich selbst, für das Ganze. Wir hoffen, wir können euch dabei helfen. Wie unser Clan, wie die Sterne. Wie ich es dir schon sagte, erinnerst du dich? Ein Organ kann nicht alles alleine machen.

Was ist, wenn ein Organ fehlt? Was ist, wenn du im großen Ganzen fehlst?

Du hast deinen Platz in dieser Welt für Freiheit, Harmonie, Liebe und Heilung.

Du musst deinen Platz finden. So wie der Stern am Himmel seinen Platz hat.

Was ist, wenn du an deinem Platz fehlst?

Fühle dich nicht wie der kleine Vogel in seinem Baum. Fange an, zu fliegen, zu deinem Platz, um dieser Welt zu helfen. Zusammen zu wachsen und sie für die nächsten Generationen zum Besseren zu ändern.

Fliege. Auch wenn du nicht weißt, wo du landen wirst und wofür du fliegst. Und vertraue dir und deinen Flügeln. Sie werden stärker, wenn du fliegst. Aber du musst alleine fliegen.

Du musst fliegen und deinen Platz in dieser Welt finden. Wir hoffen darauf und danken dir dafür.

Bericht einer Teilnehmerin über die letzten Zirkel

„Inzwischen geht die Verbindung des Mediums mit ihren Geistführern immer schneller. Wir saßen nur wenige Minuten in der Stille, da begann Diana zu sprechen. Die Begrüßung ist inzwischen sehr vertraut. Obwohl mein Englisch nicht sehr gut ist, konnte ich so viel verstehen, dass die Botschaften jede Woche dort fortgesetzt wurden, wo sie eine Woche vorher geendet hatten.

An diesem Abend ist mir aufgefallen, dass sich die Aura, die von Woche zu Woche stärker wurde, besonders schnell und intensiv veränderte. Sie wurde sehr weit. Zuerst war sie hell, doch schnell änderten sich die Farben. Ein intensives Türkis leuchtete um Diana. Nach oben war es besonders stark, aber auch an den Seiten breitete sich die Aura aus. Dann sah ich ein starkes Leuchten, das sich flimmernd bewegte. Es begann am Kopf und setzte sich nach unten fort. Es war eine ganz intensive Farbe, ein Ultramarin so wie ich es von meinen Malfarben kenne, und zwar von den reinen Pigmenten her. Nur sie strahlen so intensiv. Es sah wunderschön aus.

Dieses farbige Leuchten umhüllte das Medium so, dass es selbst nur noch im Hintergrund zu sehen war. Ich hatte das Gefühl, dass die Chakren leuchteten. Die Farbe war auch nicht starr, sondern umhüllte das Medium wie einen Nebelschleier. Es war sehr ergreifend und beeindruckend.

Im Nachhinein, nachdem ich den Inhalt der Botschaft erfahren hatte, stellte ich fest, dass es eine sehr wichtige, tiefe und berührende Botschaft war. Ich hatte nun das Gefühl, als wollten die „Forgotten Ones" mit diesen intensiven Farben die Wichtigkeit der Botschaft unterstreichen. Es war ein sehr berührendes Erlebnis. Ich bin dankbar, dass ich dies erleben durfte.

Während der Sitzungen passierte mir auch öfters, dass sich meine Knieprobleme sehr verstärkten. Manchmal fiel es mir schwer, weiter in der Stille zu sitzen. Nun während ich dies aus meiner Erinnerung schreibe, sind seit dem letzten Zirkel am 16.12.2020 fünf Wochen vergangen und meine Knieprobleme verbessern sich zusehends. Dafür bin ich den „Forgotten Ones" und dem Medium sehr dankbar.

Ich empfinde den Zirkel stets als sehr kraftvoll und aufbauend und bin dankbar, dass ich dabei sein und das alles erleben darf. Es ist wirklich ein Erlebnis. Wenn man dies so liest, könnte man an den Worten zweifeln. Aber wenn man es erlebt hat, dann zweifelt man nicht. Dann glaubt man dies alles auch nicht, man weiß es. Und diese Erfahrung möchte ich nicht mehr missen. Sie bereichert mich. Dies kann mir auch nicht mehr genommen werden. Denn eins steht fest. Man kann nicht „ENTWISSEN".

Ich freue mich schon auf die weiteren Begegnungen mit den „Forgotten Ones". Inzwischen werden sie uns richtig vertraut und sie beeindrucken durch ihre bescheidene, aber bestimmte Art. Manchmal wirken sie etwas traurig aber sie bedanken sich, dass sie sich in unserer Runde melden dürfen."
U. D.

Epilog

Der Heimzirkel, um den es in diesem Buch geht, begann am 16. September 2020 und endete am 16. Dezember 2020.

Ich bin sicher, Die Vergessenen haben uns noch viel mehr zu erzählen, nicht nur über die aktuelle Pandemie. Aufgrund der verschärften Lockdown-Regeln ist es vorerst nicht mehr möglich, einen Zirkel abzuhalten. Daher werde ich nun die ersten Botschaften Der Vergessenen in die Welt geben, zumal diese Worte in diesen Zeiten so aktuell und wichtig sind.

Auch wenn wir hoffentlich bald eine „neue Normalität" in unseren Leben finden werden, sollten wir uns auch in Zukunft mehr umeinander kümmern, so wie es bei dieser Pandemie noch immer notwendig ist. Es ist nicht nur wichtig, auf unsere Mitmenschen zu achten, Masken zu tragen oder die Hygiene- und Distanzregeln zu beachten. Ebenso wichtig ist es, auf Mutter Erde zu achten und auf alles, was auf ihr lebt. Damit aus dem, was wir im vergangenen Jahr erlebt haben, eine positive Zukunft entsteht.

Mögen die Menschen nicht nur einfach zu ihrer bisher gewohnten Normalität zurückkehren, sondern gemeinsam eine bessere Welt erschaffen, voller Mitgefühl, Solidarität, Toleranz und Dankbarkeit für Mutter Erde.

Vieles von dem, was die Menschheit bewusst oder unbewusst auf dieser kostbaren Erde zerstört (hat), kann nicht mehr einfach zurückgebracht werden.

Stellen wir sicher, dass wir gemeinsam das noch Vorhandene bewahren. Und vielleicht möchte der Virus die Menschen nur deshalb dazu zwingen, zur Ruhe zu kommen. Damit sie sich auf sich selbst konzentrieren können, um diese Welt mit anderen Augen zu sehen und zu erkennen, was im Leben wirklich wichtig ist. Solidarität miteinander und ein Zusammenwachsen der gesamten Menschheit. Und geben wir Mutter Erde bewusst und dankbar diese Pause, um zu heilen.

Wir alle gehen einen Weg, den noch niemand zuvor genommen hat. Möge dieser Weg zu einem Guten werden: voller Mitgefühl, Empathie, Solidarität, Toleranz und Liebe.

In den letzten Monaten des Jahres 2020 haben meine Geistführer wiederholt über den spirituellen Hintergrund der Covid-19-Pandemie oder die Zerstörung der Umwelt und die Reaktion von Mutter Erde auf uns Menschen gesprochen.

Während dieser Pandemie saß ich auch regelmäßig zweimal pro Woche mit einer Teilnehmerin aus einem Trancekurs zusammen.

Diese Teilnehmerin lebt in San Francisco und war im Sommer 2020 von den verheerenden Waldbränden in Kalifornien betroffen. Es regnete Asche, der Himmel sah apokalyptisch aus und die Menschen konnten nicht atmen. Die Menschen mussten nicht nur wegen dem Virus, sondern auch wegen des Ascheregens Masken tragen. Während dieser Zeit sprach ich in Trancekontrolle mit ihr.

Meine Geistführer erklärten, dass es um das Thema Atmung und Luft gehen würde. Nicht nur bei der Covid-19-Pandemie haben die Menschen Probleme zu atmen und die Angst zu ersticken. Ähnlich verhält es sich mit den Waldbränden in den USA oder der „Black Lives Matter" Bewegung ... Es geht um das Gefühl, nicht atmen zu können.

Fast Arrow sagte, dass die Menschen in den USA dankbar sein würden, wenn sie nach den Waldbränden die Sonne wieder sehen würden. Wenn die Luft wieder klar sein wird. Für die Menschen sei alles zu selbstverständlich geworden. Auch die Luft. Sie sollten beten und der Erde danke. Es gehe um Luft, um das Gefühl atmen zu können, nicht nur bei Covid-19-Infektionen.

Diese Waldbrände und der Virus betreffen alle Menschen. Die Menschen können nicht atmen, sie haben keine frische Luft. Sie sind nicht so unabhängig, wie sie denken. Alles ist verbunden – Grenzen und Nationen überschreitend. Nun betrifft es alle. Unabhängig von Nationalität und Hautfarbe. Unabhängig von Besitz und Geld.

Mein Geistführer Fast Arrow sagte zu der Kalifornierin, dass die Sonne wieder scheinen werde, und malte gleichzeitig diese Sonne mit meiner linken Hand. Einen Kreis.

Fast Arrow erklärte, der Coronavirus sei rund wie ein Kreis, eine Einheit ohne Anfang - ohne Ende. Sehe es als Symbol.
Jeder Einzelne sollte zu dieser Einheit zurückkehren. Jeder Mensch sollte zu seiner Einheit, seiner Ganzheit zurückfinden. In die Liebe.
Sehe diese Welt als Einheit. Mutter Erde. Die Menschen sind auf sich allein gestellt. Viele sind allein. Aber dennoch, wachst zu einer neuen Ganzheit zusammen und passt aufeinander auf.

Auf der Suche nach dem großen Ganzen, nach dem Wohl aller. Für Mutter Erde. Für alle Wesen und schließlich für alle Menschen.

Trance Speaking am 20. August 2020 für Kahuna K./Hawaii

Kahuna K. hat den Kampf gegen den Krebs verloren, aber nicht den Kampf um die Seele. Ihre Seele.

Sie brachte die Energie der Sterne herunter und verband sie mit der Energie der Erde. Der Kilauea Vulkan ist voller Kraft. Lebensenergie. Freude. Das verkörperte sie.

Sie sieht uns von den Sternen aus zu und hilft uns, unseren Seelenstern zu finden. Der Seelenstern, der uns in diesen dunklen Zeiten führt. Der dir den Weg zeigt und, auffordert, nach innen zu schauen. Das Licht zu finden. In uns und weiterzugehen. Sie hilft uns dabei. Sie ist nun ein Stern, der auf unserem Weg leuchtet. Wir müssen nur diesen Stern sehen und weitermachen. Sie unterstützt uns dabei. Von den Sternen aus. Und hilft uns, Leuchttürme zu sein. Für andere Menschen in dieser Corona-Zeit.

Wir sollten ein noch größeres Netzwerk von Lichtern bilden. Wir brauchen ein noch Größeres, um uns gegenseitig zu helfen, vorwärtszugehen. Aus dem Dunkeln. Aus der Angst und Wut in die Liebe.

Die Sterne sind bei dir und um dich herum. Die Sterne senden Leben. Studiere die Energie der Sterne. Die Sterne bringen Licht in die dunkelsten Momente und leuchten.

Es gibt eine tiefe Transformation der Menschheit und es ist der dunkelste Moment der Seele. Die Sterne leuchten für dich. Folge deiner Seele. Menschen sollten nach innen gehen. Und wisse, du bist nicht alleine.

Du kamst von den Sternen und solltest an dich selbst glauben. Hilf anderen, das Licht in sich selbst zu finden. Lass dein Licht scheinen. Kahuna K. verwandelte sich, um zu einer besseren Menschheit beizutragen. Und so können wir es zusammen auch tun.

Kontakt

Weiterführende Informationen über die Heilpraxis, Kurse, Seminare und Bücher der Autorin erhalten Sie auf den folgenden Webseiten. Dort können Sie sich auch in den Newsletter eintragen.

https://www.dianadoerr.de/
https://www.dianadoerr-medium.de/

E-Mail: info@dianadoerr.de

Diana Dörr

Der Steg nach Tatarka

Von den masurischen Weiten durch die Hölle des Zweiten
Weltkrieges, in die Verbannung nach Sibirien:
Eine Frau erfährt mehr Schicksal, als sie ertragen kann.
Doch das Ende ist nicht das Ende: Ein neues Leben
erinnert sich an das vergangene ...

Eine mitreißende Reise durch Zeiten der Verzweiflung, der
Einsamkeit, aber auch der Heilung und des Ankommens.

€ 14,90 (Paperback) ISBN 9783752848601
€ 8,99 (eBook) ISBN 9783748124429

Diana Dörr

Aurora in geheimer Mission

Der junge, quirlige Sonnenengel Aurora reist mit einer
wichtigen Mission, zur Rettung der Erde, vom Kilauea
Vulkan auf Hawaii nach Europa. Hierbei hat Aurora viele
Abenteuer zu bestehen und lernt auf humorvolle Art die
Welt außerhalb der Lavaströme, in denen sie zuhause ist,
kennen. Wird es Aurora gelingen, mit ihren Freunden
Mutter Erde zu retten?

€ 9,99 (Paperback) ISBN 9783748197058
€ 3,99 (eBook) ISBN 9783749412303

Diana Dörr

Erdheilung kinderleicht gemacht

Erdheilung kinderleicht gemacht für die gesamte Familie.
Praktischer Ratgeber mit Ideen und Ritualen für all
diejenigen, die etwas für unsere Zukunft und die unserer
Kinder tun möchten.

Das Buch ist als Begleitbuch zu dem Roman „Aurora in
geheimer Mission" entstanden. In diesem Ratgeber wird
anschaulich beschrieben, was man selbst jeden Tag für
den Klimaschutz und ein nachhaltiges Leben tun kann.

€ 9,99 (Paperback) ISBN 9783748144441
€ 4,99 (eBook) ISBN 9783749457809

Diana Dörr

Aurora und der Wächter des Wassers

Aurora, ein unbändiger Sonnenengel, der in den
Lavaströmen des Kilauea Vulkans auf Hawaii zu Hause ist,
taucht in diesem Abenteuer auf spannende und humorvolle
Weise, in das Reich der Wasserdrachen und Nixen ein.

Viele Abenteuer hat die Drachenreiterin Aurora zu
bestehen, bis sie dem Geheimnis des Taunuswassers auf
die Spur kommt. Wird es Aurora gelingen, das
Taunuswasser zu retten?

€ 12,99 (Paperback) ISBN 9783748197027
€ 4,99 (eBook) ISBN 9783749458585

Diana Dörr

Auroras Heilquellenführer

In Auroras Heilquellenführer erfährt man alles
Wissenswerte über den Ursprung, die Zusammensetzung,
Wirkungsweise und Anwendung ausgewählter Heilbrunnen,
Solebäder, Gradierwerke, Kneippanlagen und Thermen
zwischen Taunus und Vogelsberg sowie in der Vulkaneifel.
Wichtige Kontraindikationen für die Trink- und Bäderkur
runden den Theorieteil ab. Im zweiten Teil des Buches
werden die Heilbäder und Brunnen ausführlich
beschrieben.

€ 16,99 (Paperback) ISBN 9783743176645
€ 7,99 (eBook) ISBN 9783749488414

FSC
www.fsc.org

MIX

Papier | Fördert
gute Waldnutzung

FSC® C083411

Zeitfracht Medien GmbH
Ferdinand-Jühlke-Straße 7
99095 Erfurt, Deutschland
produktsicherheit@kolibri360.de